Als Dank für die Tage in St. Paul
und zur bleibenden Erinnerung
an Jens Walter

K.-Liebknecht-Str. 48
O-1240 Fürstenwalde
Germany

08. 10. 1992

Eine Bildreise

Wanderungen durch die Mark Brandenburg

Birgid Hanke / Toma Babovic

Ellert & Richter Verlag

Inhalt

Das unzutreffende Klischee von der Streusandbüchse

Märkische Heide", „märkische Kiefer", „märkischer Sand", oder auch „die Streusandbüchse des Heiligen Römischen Reiches", das sind die gängigen Klischees über die Mark Brandenburg. Aber was verbirgt sich eigentlich dahinter?

Dafür wende man sich am besten an einen echten Mark Brandenburger, Theodor Fontane. Doch dieser fordert den Reisenden, die sich aufmachen wollen, die Mark Brandenburg zu erkunden, einiges ab. Fünf Bedingungen stellt er seinen eigenen „Wanderungen durch die Mark Brandenburg" voran: „Wer in der Mark reisen will, der muß zunächst Liebe zu ‚Land und Leuten' mitbringen... Der Reisende in der Mark muß sich ferner mit einer feineren Art von Natur- und Landschaftssinn ausgerüstet fühlen... Wenn du reisen willst, mußt du die Geschichte dieses Landes kennen und lieben." Ferner solle man an Komfort und Luxus keine allzu hohen Ansprüche stellen und darüber hinaus auch noch über einen gut gefüllten Geldbeutel verfügen.

Recht hat er gehabt, der Herr Fontane und offensichtlich seine eigenen Bedingungen erfüllt. Er war nicht nur ein Meister der Beobachtung, differenzierten Milieuschilderung und Menschendarstellung, sondern auch ein brillanter Maler, denn er konnte mit Worten malen, Landschaften so anschaulich beschreiben, daß ihr Bild plastisch vor dem inneren Auge entsteht. „In meiner ganzen Schreiberei suche ich mich mit den sogenannten Hauptsachen schnell abzufinden, um bei den Nebensachen liebevoll, vielleicht zu liebevoll zu verweilen." Wegen dieser Liebe für die Nebensächlichkeiten können wir noch heute, nach über 130 Jahren, den Spuren des Dichters folgen.

Dabei gibt es die Mark Brandenburg eigentlich gar nicht; zumindest ist diese Bezeichnung weder geografisch noch juristisch festzulegen. Die Grenzen dieser Region wurden im Laufe der Jahrhunderte aus politischen Gründen immer wieder verschoben.

Theodor Fontane (1819–1898), der Chronist der Mark Brandenburg; Ende 1861 erschien der erste Band seiner „Wanderungen durch die Mark Brandenburg".

Ihr Erscheinungsbild verdankt die Mark Brandenburg den verschiedenen Eiszeiten, die dafür sorgten, daß „märkische Kiefer", „märkische Heide", „märkischer Sand" später so häufig besungen werden konnten. Drei Urstromtäler bestimmen diese Landschaft: die Glogau-Baruther Linie, die Warschau-Berlin Linie und das Thorn-Eberswalder Haupttal. Sie haben sich nach Rückzug der Gletschermassen dreier verschiedener Eisperioden vor einigen hunderttausend Jahren gebildet. Die Erosions- und Sedimentationsvorgänge der Zwischenzeiten und der Nacheiszeit haben den typisch märkischen Landstrich geschaffen, der teils durch weite Ebenen, teils durch wellige Höhenzüge und Talungen geprägt wird. Zwischen den Haupttälern ziehen sich noch heute mehr oder minder deutlich erkennbare Talstrecken hin, in denen sich Seen gebildet haben. Das nahezu klassische Beispiel eines solchen Sees ist der Werbelliner See im Norden der Mark Brandenburg. Wenn der Rand des Inlandeises bei einem Gleichgewicht von Nachschub und Abschmelzen im gleichen Bereich blieb, schütteten dort die Schmelzwässer Endmoränen auf, die heute die verschiedenen Höhenrücken Brandenburgs bilden. Schmolz das Eis schneller ab, als es Nachschub erhielt, wurde das Gebiet nördlich der Endmoränen großflächig freigelegt. Der im Eis enthaltene Gesteinsschutt lagerte sich auf der Landoberfläche ab und bildete aus Geschiebelehm und -mergel die Grundmoräne. Auch für das ungeübte Auge eines nicht geologisch geschulten Betrachters sind diese drei landschaftlichen Grundformen durch ihre Vegetation und spezifische Nutzung einfach zu erkennen. Die Grundmoränenlandschaft wird vorwiegend landwirtschaftlich genutzt. Die Endmoränen sind mit Laubwäldern bedeckt, auf den nährstoffarmen Sandböden gedeihen die Kiefern, auf dem kargen Heideboden Birken. Wegen des hohen Grundwasserspiegels in den Urstromtälern herrschen in diesen Niederungen Weiden und Wiesen vor.

Millionen westdeutscher Besucher, die sich jahrzehntelang in fernen Ländern tummelten und ihr unmittelbares Nachbarland kaum kannten, reiben sich nun bei ihren Besuchen im neuen Bundesland verwundert die Augen angesichts der Schönheit und Stille der märkischen Landschaft! Endlose Alleen, riesige, im Frühsommer getreidewogende Felder, an deren Säumen, als hätte es niemals Pestizide gegeben, sich zwischen weißen Margeriten roter Mohn und lichtblaue Kornblumen im Wind wiegen. Sogar der vom Aussterben bedrohte Feldrittersporn ist wieder aufgetaucht und bereichert die reichhaltige Palette der Wildblumen um einen violetten Farbtupfer. Die Mark Brandenburg ist keine Landschaft der Extreme und bietet dennoch reichlich Abwechslung. Die flachen Ebenen der Grundmoränen gehen allmählich in das wellige Hügelland der Endmoräne über, von wo sich dem Betrachter immer wieder neue Perspektiven und Ausblicke eröffnen. Stundenlang kann man auf endlos scheinenden Alleen fahren, und unvermutet blinkt links oder rechts von der Straße einer der zahlreichen brandenburgischen Seen auf. Nur an wenigen Ufern trifft man auf Urlauber und Badegäste. Still, in ruhiger Würde und Gelassenheit breiten sich diese Gewässer aus und scheinen in ihren Tiefen Millionen Jahre alte Geheimnisse zu

bergen. E.T.A. Hoffmanns romantische Undine könnte hier ihre Heimat gehabt haben.
Die märkische Schweiz, kaum eine Autostunde von Berlin entfernt, läßt an eine Mittelgebirgslandschaft Thüringens oder des Westerwaldes denken. Das beliebte Urlaubsziel Buckow mit steil um den Schermützelsee sich erhebenden Hängen, in deren dichtem Waldgrün die einstigen Sommervillen der betuchten Großberliner stehen, vermittelt an heißen Sommertagen italienisches Lebensgefühl, fast mediterrane Leichtigkeit.
Nur ein oberflächlicher Betrachter kann den spöttischen Vergleich von der „Streusandbüchse des Heiligen Römischen Reiches“ ersonnen haben, auch wenn er in einigen Gebieten der Mark Brandenburg zutreffen mag. Die Hohenzollern wußten diese Ebenen wohl zu schätzen, die Ebenen ließen sich wunderbar als Exerzierplätze nutzen. Der Spreewald mit seinen unzähligen träge dahinfließenden Wasserstraßen widerlegt das Bild. Die Abgeschiedenheit und Verträumtheit dieses Gebietes bezaubert. Heute wie vor Hunderten von Jahren ist der flache Holzkahn ein unverzichtbares Transportmittel. Als einzige slawische Sprachminderheit auf deutschem Gebiet haben sich hier die Sorben bis heute ihre sorgfältig gepflegte Eigenständigkeit bewahren können. Weniger urwüchsig, eher karg, im Sommer manchmal lieblich, präsentiert sich der Oderbruch. Das einstige Sumpfgebiet, das sich bis zur polnisch-deutschen Landesgrenze erstreckt, wurde erst vor dreihundert Jahren trockengelegt.
Daß die Mark Brandenburg alles andere als eintönig ist, hat vor über hundert Jahren der Dichter Theodor Fontane bereits überzeugend nachgewiesen. Seinen Spuren folgend, wird man die meisten der von ihm beschriebenen Seen, Schlösser oder liebevoll porträtierten Städtchen in ihrer ursprünglichen Schönheit wiederfinden. Aber nicht nur für Landschaften, Klöster und Schlösser interessierte sich der „Sänger der Mark Brandenburg“, sondern auch für ihre Bewohner. Ihm hatte es insbesondere der Adel und das preußische Junkertum angetan. Seine Schwäche für die allerhöchste Gesellschaft bewog den bürgerlichen Hugenottenabkömmling nicht nur, sorgfältige Exegese alter Kirchenchroniken und adliger Korrespondenzen zu betreiben, sondern er stieg auch so manches Mal in Gruften hinab und ließ sich sogar Särge öffnen, immer auf der Suche nach einem pikanten Detail aus dem Leben einer adligen Dame oder eines preußischen Offiziers. Er war ein unerbittlicher Chronist einer untergehenden Klasse und eines seine Tugenden aufgebenden preußischen Staates.
Die Mark Brandenburg ist immer noch berückend schön, auch wenn sich ihr Reiz nicht auf den ersten Blick erschließt. An manchem verwunschenen See, in vielen kleinen verschlafen wirkenden Landstädtchen und Dörfern scheint die Zeit seit Jahrhunderten stehengeblieben zu sein. Wer sich behutsam, aber mit offenen Augen, ein bißchen Hartnäkkigkeit, Geduld und den Fontaneschen Wanderungen als Leitfaden unter dem Arm auf die Suche macht, wird auf Schritt und Tritt den Zeugen der Vergangenheit begegnen.
Es gibt genug Prinzen, die das märkische Dornröschen wachküssen möchten. Anstatt mit Pferd und Säbel kommen sie heute in Luxuslimousinen mit Autotelefon, um diese deutsche Provinz aus ihrem Dämmerschlaf in die Gegenwart des 20. Jahrhunderts zu reißen. Dabei sollte man sich einer schlafenden Schönheit nur auf Zehenspitzen nähern und es bei der bewundernden Betrachtung belassen. So möchte man es diesem Landstrich wünschen.

Im Zeitalter der Postkutsche war das Reisen noch viel beschwerlicher. Um seine Heimat genau zu erkunden, nahm Fontane in den Jahren 1859 und 1861 jedoch gerne wochenlange Strapazen auf sich.

Der Wind treibt den Sand über die märkische Ebene. Die Erosion hat dieser Landschaft den Beinamen „Streusandbüchse des Heiligen Römischen Reiches“ eingetragen. Dem sandigen Boden Ertrag abzugewinnen war immer schon schwierig. Um die Kultivierung überhaupt lohnenswert zu machen, müssen die Ackerflächen entsprechend groß sein. Die berühmten „Krautjunker“ waren einst Eigentümer dieser riesigen Felder, die später von landwirtschaftlichen Produktionsgenossenschaften (LPG's) bearbeitet wurden und nun den Vorschriften der EG unterliegen.

Einsam liegt der Werbellinsee zwischen riesigen Kiefern. Der tiefe Grund läßt sein Wasser immer etwas kühler und erfrischender sein als das der übrigen Seen. Eine gleichbleibende Strömung zieht sich am Ufer entlang. Die Färbung des Wassers wechselt ständig vom geheimnisvollen Dunkelgrün in ein zaubrisches Türkis.

Ein Kleinod der märkischen Backsteingotik ist das zwischen 1450 und 1507 entstandene Rathaus in Jüterbog. Sein Bau markiert die einstige Blüte dieses Städtchens, als an der Wende zur neueren Zeit im Rathaus etwa 200 Tuchmacher ihr Lager aufschlugen. Sie nutzten das Gebäude vornehmlich als Kauf- und Gewandhaus. In der seitlich offenen Gerichtslaube mit ihren dekorativen Maßwerkgiebeln wurde „coram publico“ Recht gesprochen.

Inmitten ländlicher Einsamkeit steht die Ruine des Zisterzienserklosters Chorin. Der Innenhof dieses schönsten Werkes der märkischen Backsteingotik dient heute als großartige Kulisse für kulturelle Veranstaltungen. Die ursprünglich aus Frankreich stammenden Zisterzienser spielten eine wichtige Rolle während der ersten Phase der Ostkolonisation im 13. Jahrhundert. Dieser Orden erging sich nicht nur in geistiger Kontemplation. Seine Regeln verlangten von den Mönchen weniger frommes Beten als handwerkliches Geschick und die Bereitschaft, kräftig zuzupacken.

Ein Blick in die Wiege Preußens muß sein

Nicht nur landschaftlich, sondern auch historisch gilt es, diesen geschichtsträchtigen Landstrich wieder oder neu zu entdekken. In den vergangenen Jahrzehnten ist zwangsläufig vieles in Vergessenheit geraten, was verdient, wieder in das Bewußtsein zurückgeholt zu werden. Wenn Brandenburg sich seiner Geschichte und Traditionen erinnert, läuft es um so weniger Gefahr, in den Sog der Metropole Berlin, nunmehr endgültig Hauptstadt Deutschlands, zu geraten und sich verschlingen zu lassen.

Nach der endgültigen Auflösung des Preußenstaates durch die Alliierten 1947 hatten sich im Jahre 1949 die beiden Deutschlande – Ost und West – als Staaten konstituiert. Den neuen Herren (Ost) war es – zumindest in den ersten Jahren ihrer Regierungsgewalt – sehr eilig damit, möglichst viel von dem, was nur entfernt an Preußen und die ausbeuterische Klasse des verhaßten Junkertums erinnerte, aus Landschaft, Verwaltung und Erinnerung zu tilgen. Diesem revolutionär-sozialistischen Elan fiel auch Brandenburg als einst preußische Provinz zum Opfer. Auf den neuen Landkarten der DDR gab es ab 1952 nur mehr die Bezirke Potsdam, Frankfurt/Oder und Cottbus, mittendrin Berlin (Hauptstadt der DDR) und wie ein Stachel im Fleisch das ungeliebte West-Berlin.

Die Wiege Preußens wird die Mark Brandenburg häufig und gerne genannt und über dessen Glanz und Gloria vergessen, daß hier schon lange vor den Hohenzollern und ihren Untertanen Menschen gelebt haben. Der Raum Berlin/Brandenburg ist bereits seit dem Ende der jüngeren Altsteinzeit (10.– 9. Jh. v. Chr.) besiedelt. Aus der Bronzezeit sind noch heute im Havel-Spreegebiet Siedlungen und Gräberfelder nachweisbar. Zehntausend Jahre später durchwanderte der germanische Stamm der Semnonen auf seinem Weg nach Süden das Havelgebiet. Aus dem Osten folgten ihnen die slawischen Wenden und siedelten sich hier an. Heinrich I. gelang es 928 n. Chr., die slawische Hauptfestung Brennabor (Brandenburg) zu erobern. Zwanzig Jahre später ließ Otto der Große die in diesem Bereich ansässigen Slawen christianisieren und gründete die Bistümer Brandenburg und Havelberg. Manche Historiker wollen bereits in dieser Gründung den Ursprung Brandenburgs und des künftigen Preußens sehen. Sehr weit kann es mit der Frömmigkeit der christianisierten Slawen jedoch nicht her gewesen sein. Sie befreiten sich bereits im Jahre 983 wieder und behaupteten das Land noch einmal für 150 Jahre. Albrecht der Bär war der erste große Herrscher dieses Gebietes. Kaiser Lothar III. setzte ihn 1134 als Markgraf der Nordmark ein. Unter ihm wurde die deutsche Herrschaft dauerhaft befestigt. Ein getaufter Hevellerfürst namens Pribislaw vererbte dem Bären Brandenburg. Große Reichtümer hatte die Gegend bislang nicht zu bieten. Um das sumpfige Gebiet urbar zu machen, warb der sich nun Markgraf von Brandenburg nennende Fürst Siedler aus Westfalen und den Niederlanden an. Eine nicht zu unterschätzende Rolle spielten in dieser Phase der ersten Ost-Kolonisation die ursprünglich aus Frankreich stammenden Zisterzienser.

Der „Große Kurfürst" empfängt eine Delegation der französischen Refugées in Berlin. Im Jahre 1685 hatte Friedrich Wilhelm von Brandenburg das Edikt von Potsdam erlassen, das den in ihrer Heimat verfolgten Hugenotten in seinem Kurfürstentum Religionsfreiheit gewährte.

Die einstigen Klöster Lehnin, Zinna und Chorin geben heute noch Zeugnis davon, welche Vorbildfunktion sie im Bereich der Landwirtschaft und Landgewinnung für die Neusiedler in ihrem Umkreis hatten.
Die Nachfolger Albrechts, die beiden Markgrafen Johann I. und Otto III. weiteten im dreizehnten Jahrhundert ihren Herrschaftsbereich erheblich aus, indem sie die Uckermark, den Teltow, den Barnim, Prignitz, Ruppin und die Oberlausitz dazu erwarben. In ihre Regierungsphase fallen die Gründungen von Berlin (1244) und Frankfurt/Oder (1253). So tatkräftig die ersten Askanier waren, nach wenigen Generationen starben sie aus, und mit dem Interregnum der bayerischen Wittelsbacher und später den Luxemburgern setzte der Niedergang der Grafschaft ein. Jeder kämpfte nun gegen jeden. Die neuen stolzen Städte wollten sich von ihren Landesherren nichts vorschreiben lassen. Von ihren Gütern aus unternahmen wenig vornehm gesonnene Ritter regelrechte Raubzüge in die Umgebung und trugen untereinander blutige Fehden aus. Um diesem Verfall von Sitten und Moral, der Verbreitung von Chaos und Auflösung einen Riegel vorzuschieben, ernannte König Sigismund 1411 den Nürnberger Burggrafen Friedrich VI. von Hohenzollern zunächst zum Verweser und schließlich 1415 zum Kurfürsten von Brandenburg.

Dem ersten Kurfürsten gelang es, sein verwahrlostes Kurfürstentum zu konsolidieren und den aufmüpfigen Adel an die Kandarre zu nehmen. Sein Sohn, Friedrich II. setzte in den Jahren 1440 bis 1470 das Werk des Vaters fort und konnte die verlorengegangene Neumark zurückgewinnen.
Die Auswirkungen der Reformation, ein knappes Jahrhundert später, gingen auch an Brandenburg nicht spurlos vorüber. Der Kurfürst Joachim bestimmte den Protestantismus 1539 zur neuen Staatsreligion.
Der infolge der Reformation ausgebrochene Dreißigjährige Krieg hat in kaum einer anderen deutschen Region solche verheerenden Spuren hinterlassen wie in Brandenburg. Nicht nur, daß schwedische und kaiserliche Söldner plündernd in das Land einfielen und es verwüsteten; eine Pestepidemie führte dazu, daß in manchen Städten die Bevölkerungszahl auf ein Drittel zurückging.
Erst zwanzig Jahre war der nächste Kurfürst alt, als er inmitten der Kriegswirren an die Macht kam. Das Bravourstück des noch jugendlichen Friedrich Wilhelm war der im Jahr 1641 geschlossene Waffenstillstand mit Schweden. Als diese 1675 wortbrüchig wurden und erneut in die Mark einfielen, wurden sie in der berühmten Schlacht bei Fehrbellin von dem Prinzen von Homburg vernichtend geschlagen. Der „Große Kurfürst" war nicht nur ein geschickter Diplomat und gewiefter Militärstratege; er kümmerte sich überdies hingebungsvoll um den Aufbau seines Landes, veranlaßte eine Verwaltungsreform, ein einheitliches Steuerwesen, außerdem den Wiederaufbau und die Neugestaltung Berlins. Gerne wird er als das Vorbild für religiöse Toleranz und Freizügigkeit gepriesen. In der Tat, er holte bereits 1671 Wiener Juden ins Land und erließ 1685 das berühmte Edikt von Potsdam. Tausende wegen ihrer Religion verfolgte Hugenotten fanden aufgrund des königlichen Erlasses im Kurfürsten-

Vernarrt in Prunk und Protz und auf Prestige bedacht, ruhte Kurfürst Friedrich III. von Brandenburg nicht eher, bis ihm 1701 in Königsberg eine Krone verliehen wurde. Als Friedrich I., der erste Preußenkönig, ging er in die Geschichte ein.

tum Brandenburg, insbesondere in Berlin, Aufnahme und eine neue Heimat. Das sollte sich als Segen für die geistige, kulturelle und wirtschaftliche Entwicklung des Landes erweisen. Es mag dahingestellt bleiben, ob das königliche Edikt tatsächlich religiöser Toleranz und landesväterlichem Wohlwollen entsprang, und nicht doch eher einem profanen Interesse am wirtschaftlichen Aufschwung des Landes, der nur mit einer größeren, handwerklich qualifizierten Bevölkerung zu bewerkstelligen war. Der König war immer auf der Suche nach neuen Geldquellen. Die Réfugées waren daher im Lande wegen ihrer Fertigkeiten hochwillkommen. Sie kamen zumeist aus dem kleinbürgerlich-handwerklichen Bereich in das vorwiegend agrarisch strukturierte Brandenburg und wurden rasch zu braven preußischen Untertanen mit einer vorzüglichen Steuerzahlungsmoral. Nichtsdestotrotz gebührt dem „Großen Kurfürsten" das Verdienst, neben den Hugenotten außerdem Pfälzer, Friesen, Schweizer und Holländer als Siedler geholt und mit ihrer tatkräftigen Hilfe aus seinem Fürstentum wieder ein blühendes Land gemacht zu haben.
Sein Sohn, Kurfürst Friedrich III., führte die Regierung im Sinne des Vaters fort. Dieser ausgesprochene Freund der Wissenschaften und der schönen Künste gründete zwei entsprechende Akademien in Berlin, war aber auch eitel und geltungssüchtig. So ruhte er nicht eher, bis er dem österreichischen Kaiser eine Königskrone abgeschwatzt hatte. 1701 wurde er in Königsberg zum König von Preußen gekrönt. Als der König der Barockzeit, an dessen Hof höchster Wert auf Repräsentation und gutes Leben gelegt wurde, ging er in die Geschichte ein. Seinem Sohn hinterließ er einen völlig verschuldeten Staat.
Friedrich Wilhelm I. vollendete die Verwaltungsreform seines Vaters, holte weitere Siedler zur Entwässerung des Havelländischen Luchs ins Land und gewährte Salzburger Protestanten Asyl. Doch sein wirkliches Interesse richtete sich auf den Aufbau des Preußischen Heeres. Berühmt-berüchtigt ist seine Vorliebe für überdurchschnittlich große Soldaten. Aus aller Herren Länder ließ er seine „Langen Kerls" zusammenholen und scheute auch nicht vor den allerbrutalsten Rekrutierungen zurück. Hochgewachsene junge Männer wurden noch in den entlegendsten Verstecken aufgestöbert und mit Brachialgewalt zum Soldatendienst gezwungen.

Potsdam wurde in dieser Zeit als Residenzstadt aufgebaut. Preußen entwikkelte sich zu einem regelrechten Militärstaat. Es hatte insgesamt nur 2,25 Millionen Einwohner, aber mit 80 000 Mann besaß es das viertstärkste Heer Europas.

Sich Friedrich dem Großen in der Mark Brandenburg entziehen zu wollen ist unmöglich. Warum also dem Alten Fritz nicht einen Besuch abstatten? Es ist zwar Montagnachmittag, aber gerade deshalb müßte er doch ein bißchen mehr Zeit haben. Nur noch ein einziger Wagen steht einsam und verlassen auf dem für viel mehr Besucher gedachten Parkplatz. Durch einen Seiteneingang betreten wir das riesige Schloßgelände, gehen ein paar Treppen hinunter in den Park. Wir sind im botanischen Garten, dem sich der sizilianische Garten anschließt. Etliche Palmen und Agaven gaukeln an diesem Sommerabend italienische Atmosphäre vor. Diese ewige Sehnsucht der Deutschen nach „bella Italia", auch der Alte Fritz hat sie bereits gekannt. Dem Schloß nähern wir uns seitlich von unten. Kein Mensch weit und breit, der uns auf unserem Weg dorthin begegnet. Am klassischen Ruhetag für Museen und Sehenswürdigkeiten bietet sich die beste Gelegenheit, ungestört durch den Park zu bummeln. Würdevoll scheint die königliche Sommerresidenz über uns zu thronen. Verlassen liegt sie da, der gelbliche Putz blättert von den Mauern, sämtliche Außentüren sind verschlossen. Ein Seitenflügel ist eingerüstet. Sanssouci scheint trotz seines Namens heute Abend Sorgen zu haben. Soviel Melancholie kehren wir rasch den Rücken. Der Park ist gepflegt. Unsere Schritte knirschen auf den Kieswegen. Auf den von Buchsbaumhecken säuberlich abgezirkelten Beeten blühen rote Zierpflanzen. Kein aufdringlich-üppiger Blumenprotz herrscht hier vor, preußische Zurückhaltung ist wohl das Motto der Gärtner.
Es fällt der Phantasie nicht schwer, sich hier im Park von Sanssouci ein eigenes, der im Rokoko so beliebten Schäferspiele zu inszenieren. Gezierte Damen mit weißgepuderten Perücken wandeln in ihren steifen Kriolinen vorüber, blinzeln mit geneigten Köpfchen kokett hinter ihren bunten Fächern hervor. Bezopfte Herren in Kniebundhosen verbeugen sich wohlerzogen mit Kratzfuß vor ihnen, um die Verehrten zum zierlichen Menuett zu geleiten. Unwillkürlich spitzen sich die Lippen, um ein paar Takte aus Vivaldis Vier Jahreszeiten zu pfeifen. Schreitet da vorne nicht seine Majestät höchstpersönlich, in eine heftige Debatte mit seinem Philosophenfreund Voltaire vertieft?
Über uns rauschen die riesigen, uralten Bäume im Wind. Kein Motorengeräusch, kein Autogehupe dringt an die sonst ständig lärmgeplagten Ohren. Diese Ruhe vermittelt eine Ahnung davon, was einmal königliche Muße hieß. Die nach streng geometrischen Gesetzen in das Dickicht des märkischen Waldes eingefügten Schneisen bilden Sichtachsen, an deren Ende es immer etwas zu entdecken gibt, eine Statue, einen kleinen Brunnen oder eine Fontäne inmitten eines Rondeels. Am Endpunkt der Hauptallee liegt das Neue

Selten wurde ein Vater-Sohn-Konflikt in der Geschichte so brutal ausgetragen wie zwischen dem Soldatenkönig Friedrich Wilhelm I. (oben) und seinem sensiblen Sohn Friedrich II. Bereits als junger Mann unterhielt der philosophisch interessierte Kronprinz mit dem großen Vertreter der französischen Aufklärung Voltaire eine angeregte Korrespondenz. Wie so häufig endete diese Brieffreundschaft Jahre später nach der persönlichen Begegnung mit einer menschlichen Enttäuschung für beide Teile (rechts).

Palais, der wenig geliebte Repräsentationsbau, den Friedrich nach dem Siebenjährigen Krieg erbauen ließ. Durch das sommergrüne Laub der Bäume blitzt es plötzlich golden auf. Wie zwei neugierige Elstern folgen wir dem metallischen Glanz und stehen vor dem runden Chinesischen Teehaus, das für sich alleine bereits die Größe eines Landhauses beansprucht.
Eine Schnur soll den Zutritt verwehren, kann sie aber nicht. Drinnen gibt es zur Zeit nicht viel zu sehen. Dafür außen um so mehr. Auf dem Dach thront ein fetter goldener Gott, eine Mischung aus Buddha und Neptun. Ich habe die Gestalten nicht gezählt, die rund um das Gemäuer des Tempels im Reigen stehen. Die Statuen müssen ganz frisch vergoldet sein, denn ihr Glanz ist aufdringlich und wirkt ein wenig fehl am Platze. Sie tragen die verschiedensten Trachten und Kostüme, zu denen mal bäuerliche Schnabelschuhe, mal unbequeme höfische Pumps gehören. Phantasiegestalten sind es, mit asiatischen oder groben, Breughelschen Gesichtszügen, die uns ein fröhliches Lächeln oder ein hämisches Grinsen gönnen. Wir winken ihnen zu.

Preußischer Drill war es, den Friedrich Wilhelm I. von seinem wesentlich zarter besaiteten Sohn verlangte. Als der junge Friedrich versuchte, mit seinem Freund Katte vor dem strengen Vater nach England zu fliehen, wurden die beiden ertappt. Ihr Fluchtversuch wurde als Desertion aufgefaßt, und die jungen Männer wurden vor ein Militärtribunal gestellt. Dieses weigerte sich, über den königlichen Sprößling ein Urteil zu fällen. Der Vater erwies sich als unbarmherzig und ließ den jungen Katte in der Festung Küstrin vor den Augen seines Sohnes enthaupten. „Mon cher ami, je m'excuses milles fois" („Mein lieber Freund, ich entschuldige mich vieltausendmal"), hatte der Kronprinz seinem Freund vom Burgfenster der Festung aus zugerufen. „Je meurs avec plaisir pour vous" („Ich sterbe mit Freuden für Euch"), war die gefaßte Antwort des jungen Leutnants, bevor er starb. Als der Henker das Schwert senkte, brach Friedrich ohnmächtig zusammen. Noch heute wird darüber spekuliert, ob dieses Ereignis nicht letztendlich die Ursache für die spätere Unzufriedenheit und Menschenfeindlichkeit des Alten Fritz war. Er hatte sich zwar mit seinem unerbittlichen Vater doch noch ausgesöhnt, den gewaltsamen Tod seines Freundes hat er ihm aber nie verziehen. Seine Verbitterung war mindestens genauso quälend wie seine Gicht.
Hatte der „Soldatenkönig" Preußen zum anerkannten Militärstaat gemacht, führte Friedrich II. sein Königreich zur Großmacht. Wie sein Großvater legte auch dieser Hohenzoller allergrößten Wert auf Repräsentation und auf den Auf- und Ausbau seiner Schlösser wie Charlottenburg, Rheinsberg und Sanssouci. Hofarchitekt Georg Wenzeslaus von Knobelsdorff zeichnet für Schloß Sanssouci und die Gestaltung seines Parks verantwortlich, wobei der König großen Wert auf Mitsprache legte.
Zwei Seelen schienen „ach in der Brust" dieses Königs zu wohnen. An seinem Hof in Sanssouci wurden Kultur, Musik und Philosophie ganz groß geschrieben. Friedrich war ein ausgezeichneter Flötist, schrieb Konzerte und hatte ein hervorragendes Orchester an seinem Hof in Ruppin, dem auch ein Philip Emanuel Bach angehörte. Johann Sebastian Bach war vom königlichen Dienstherrn seines Sohnes so beeindruckt, daß er ihm nach einem Besuch in der preußischen Residenz die Brandenburgischen Konzerte widmete. Der König korrespondierte mit den großen Geistern seiner Zeit und holte sich für einige Jahre den Franzosen Voltaire an die Tafel. Staatsmann und Philosoph waren einander zunächst höchst wohlgesonnen, schieden später jedoch zerstritten voneinander. Bei aller Muße, die in den königlichen Schlössern gepflegt wurde, vergaß Friedrich niemals, seine staatlichen Interessen auszubauen und seine Expansionsbestrebungen in die Tat umzusetzen. Mit der Besetzung Schlesiens brach er den Siebenjährigen Krieg vom Zaun und brachte nicht nur Not und Elend in diese Provinz, sondern auch über sein eigenes Land und Österreich.

Die Villen der Potsdamer Mangerstraße verstecken sich unter Kastanien und Trauerweiden am Ufer des Heiligen Sees. Die Diplomaten in der ehemaligen DDR wußten die Lage ihrer Botschaften und konsularischen Vertretungen sehr zu schätzen. Die meisten dieser architektonischen Pretiosen befinden sich inzwischen fest in privater Hand.

SANS SOUCI

Es schwelgt in freien Sichten", schwärmte Friedrich II. von Sanssouci, seiner geliebten Sommerresidenz. Er entwarf die Skizzen, nach denen sein Freund, der Architekt Georg Wenzeslaus von Knobelsdorff, die Pläne anfertigte. Der eingeschossige Rokokobau mit einer ovalen Kuppel in der Mitte wurde zwischen 1745 und 1747 auf einem eigens für ihn angelegten Weinberg errichtet. Mit zweihundert Jahren Verspätung hat sich im August 1991 der letzte Wunsch des Alten Fritz, in der Gruft von Sanssouci beigesetzt zu werden, doch noch erfüllt.

Als Schloß Cecilienhof im Stile eines englischen Landhauses zwischen 1913 und 1917 errichtet wurde, rief das die Kritiker auf den Plan. Es war schließlich das vierzehnte Hohenzollernschloß, das in Potsdam entstand. Preußische Prinzessinnen und Prinzen wohnten bis zum Ende des Krieges in den 176 Zimmern des Schlosses. Danach mußten sie den Politikern weichen. Der Raum, in dem der Brite Clement Attlee, der Russe Josef Stalin und der Amerikaner Harry S. Truman das „Potsdamer Abkommen" am 2. August 1945 unterzeichneten, ist heute als Museum zu besichtigen.

Unter Efeu und Knöterich versteckt sich die Ruine von Belvedere, dem Fragment einer niemals vollendeten Terrassenanlage auf dem Pfingstberg. Den Plänen der Erbauer Stüler und Hesse lagen ursprünglich Zeichnungen und Skizzen von Friedrich Wilhelm IV. und dem klassizistischen Architekten Persius zugrunde. Der Kern der Anlage sollte einmal ein Casino werden. Im Schatten der verfallenen Gemäuer kann man heute über die Vergeblichkeit menschlichen Trachtens sinnieren.

Костя Ч

Die Grafschaft Ruppin und der Stechlin

Und fragst du doch:
„Den vollsten Reiz,
Wo birgt ihn die
Ruppiner Schweiz?
Ist's norderwärts in
Rheinsbergs Näh?
Ist's süderwärts am
Molchow-See?
Ist's Rottstiel tief im Grunde kühl?
Ist' Kunsterspring, ist's Boltenmühl?
Ist's Boltenmühl, ist's Kunsterspring?
Birgt Pfefferteich den Zauberring?
Ist's Binenwalde?" – Nein, o nein,
Wohin du kommst, da wird es sein,
An jeder Seite gleichen Reiz
Erschließt dir die Ruppiner Schweiz."
Theodor Fontane

„Fluß und See sind das eigentliche Lebenselement der Ruppiner Schweiz", beschreibt Fontane den Reiz des Gebietes rund um seinen Geburtsort. Aber auch: „Der Ruppiner See, der fast die Form eines halben Mondes hat, scheidet sich seinen Ufern nach in zwei sehr verschiedene Hälften. Die nördliche Hälfte ist sandig und unfruchtbar und, die freundlichen Städte Alt- und Neuruppin abgerechnet, ohne allen malerischen Reiz..."
Diese eher kritische Bemerkung zeigt, daß Fontane während seiner Wanderungen, die in Wirklichkeit Kutschfahrten waren, nicht die rosa Brille aufgesetzt hatte. Aber: „Erst die Ferne lehrt uns, was wir an der Heimat besitzen." Diese Erkenntnis bewog ihn 1856, in der fernen schottischen Grafschaft Kinross, sich eines Tages literarisch mit „Wanderungen durch die Mark" auseinanderzusetzen. So empfänglich Fontane auch für die Schönheit der Landschaft war und damit auch seinen Mitmenschen und darauffolgenden Generationen die Augen für sie geöffnet hat, so sehr belegt gerade der erste Band der „Wanderungen" über die Grafschaft Ruppin, daß sein Interesse tiefer lag. Es galt der Geschichte und den Geschichten, die sich an den von ihm bereisten Orten ereignet hatten. Er ließ sie sich von einheimischen „Märkern" erzählen, war ein interessierter bis neugieriger Zuhörer und stellte daher auch selbst Forschungen an. So lautete der ursprünglich geplante Titel seines Projektes konsequenterweise „Die Marken, ihre Männer und ihre Geschichte". Um das Interesse seiner Leser immer wieder zu wecken, glaubte er, die bereisten Landschaften und Orte mit einer lebendigen Anekdote verknüpfen zu müssen. So schienen ihm die Sandhügel zwischen Linum und Hakenburg für einen unwissenden Reisenden nur zum Einschlafen geeignet. Erfährt man aber, daß hier die „Schlacht von Fehrbellin" stattfand, für deren Ausgang der Prinz von Homburg entscheidend sorgte, wird man die eher langweiligen Hügel mit anderen Augen betrachten. An diesem äußerlich so belanglosen Ort wird außerdem deutlich, wie weit historische Wahrheit und dichterische Freiheit auseinanderklaffen können: Weder das Geschehen selbst noch die Charakterzüge, die Heinrich von Kleist, auch er ein Sohn Preußens und der Mark Brandenburg, seinem „Prinzen von Homburg" verlieh, sind historisch verbürgt. Dieses Drama war der letzte Versuch des großen Dichters, sich mit seinem gehaßliebten Preußen und dessen Herrscherhaus aus-

Friedrich II. Landgraf von Hessen-Homburg trug 1675 entscheidend zum Ausgang der „Schlacht von Fehrbellin" bei. In seinem Drama „Prinz von Homburg" hat ihm Kleist ein literarisches, historisch jedoch unzutreffendes Denkmal gesetzt.

zusöhnen. Die dichterischen Intentionen wurden bei Hofe jedoch völlig mißverstanden und Kleist das Stück sehr verübelt. Das Königliche Staatstheater verweigerte die Aufführung, weil Person und Verhalten des „Prinzen von Homburg" nicht genügend preußische Härte und Disziplin aufwiesen. Die Verkennung seines letzten Dramas und die allerhöchste hohenzollersche Mißbilligung führten neben vielen anderen Gründen zu dem tragischen Doppelselbstmord des Dichters und seiner Geliebten Henriette Vogel am Kleinen Wannsee.

Ein glücklicheres Schicksal ward Theodor Fontane beschieden. In den beiden Jahrzehnten, in denen die „Wanderungen" entstanden, reifte Fontane vom Journalisten, der sich finanziell nur mühsam über Wasser halten konnte, zum geschätzten Theaterkritiker und Essayisten. Speziell als Korrespondent in London hatte er sich in den fünfziger Jahren des vorigen Jahrhunderts mit seinen Reisefeuilletons einen Namen machen können. Der Ruhm, den ihm die „Wanderungen" später eintrugen, begann ihn im Laufe der Zeit zu verdrießen. Er war inzwischen anderweitig beschäftigt.

„Zwischen flachen, nur an einer einzigen Stelle steil und keilartig ansteigenden Ufern liegt er da, rundum von alten Buchen eingefaßt, deren Zweige, von ihrer eigenen Schwere nach unten gezogen, den See mit ihrer Spitze berühren. Hie und da wächst ein weniges von Schilf und Binsen auf, aber kein Kahn zieht seine Furchen, kein Vogel singt, und nur selten, daß ein Habicht drüber hinfliegt und seinen Schatten auf die Spiegelfläche wirft. Alles ist still hier... Das ist der Stechlin, der See Stechlin."

Wenn auch die Schönheit der Seen die Eigenheimbauer, die Wochenendsiedler, Zeltbewohner zu Tausenden anzieht und die Gewässer durch Vernichtung des Schilfgürtels und durch Abwässer inzwischen kaputtzugehen drohen: Abseits der großen Straßen und offiziellen Trampelpfade gibt es sie noch, diese absolute Stille eines zwischen den hohen Bäumen seiner Ufer ruhenden brandenburgischen Sees, wie sie Fontane im „Stechlin" so treffend beschreibt. Aber gibt es noch diesen Menschenschlag?

„Dubslav von Stechlin, Major a. D. und schon ein gut Stück über Sechzig hinaus, war der Typus eines Märkischen von Adel, aber von der milderen Oberservanz, eines jener erquickenden Originale, bei denen sich selbst die Schwächen in Vorzüge verwandeln. Er hatte noch ganz das eigentlich sympathisch berührende Selbstgefühl all derer, die schon vor den Hohenzollern da waren, aber er hegte dieses Selbstgefühl nur ganz im Stillen, und wenn es dennoch zum Ausdruck kam, so kleidete sichs in Humor, auch wohl in Selbstironie, weil er seinem ganzen Wesen nach überhaupt hinter alles ein Fragezeichen machte. Sein schönster Zug war eine tiefe, so recht aus dem Herzen kommende Humanität."

Die Marken, ihre Geschichte und ihre Männer zu zeichnen war der Anspruch gewesen. Es sei dem großen Schriftsteller verziehen, wenn er hier vergaß, die Frauen zu erwähnen, hat er sie doch in vielen seiner späteren Romane in den Mittelpunkt gestellt. Mit seinem Alterswerk „Der Stechlin" ist es Fontane gelungen, der märkischen Landschaft und ihren Menschen ein unvergeßliches literarisches Denkmal zu setzen. Inwieweit es ihm darüber hinaus gelungen ist, in die Charakterisierung des Dubslav von Stechlin Züge eines recht schmeichelhaften Selbstportraits hineinzuschmuggeln, nun, das sollte weiterhin das Geheimnis des „Sängers der Mark Brandenburg" bleiben.

Dem Dichter Heinrich von Kleist war als Sprößling der adligen Junker selbstverständlich eine Offizierslaufbahn vorbestimmt. Als 22jähriger quittierte er aus Abneigung den preußischen Militärdienst, ohne sich jedoch jemals innerlich von seinem „Vaterland" lösen zu können.

In seiner Endlosigkeit wölbt sich der Himmel im Frühling über die riesigen Getreidefelder bei Neuruppin. Der Boden der flachen Grundmoränen enthält nicht nur Sand, sondern auch Steine bis zur Findlingsgröße. Früher glaubten die Bauern, diese Steine würden genauso wie Feldfrüchte jährlich nachwachsen. Unverdrossen sammelten sie die lästigen Kiesel auf und verwerteten sie bei entsprechender Größe zum Bau ihrer Häuser.

In der späten Herbstsonne schmücken flammend orange und rote Dahlien ein bäuerliches Anwesen in Lichtenberg bei Neuruppin. Die Jahrhunderte alten Siedlungsstrukturen haben sich in den märkischen Dörfern bis heute gehalten. Im Gegensatz zur Sprache: Das Platt, das Fontane seine „Märker“ in seinen Büchern sprechen läßt, gibt es nicht mehr.

Die aufgehende Sonne verleiht diesem schlichten Haus zwischen Erlen und Buchen goldenen Glanz. In der Morgenröte weicht der dunstige Nebel dem hellen Tag. Am Rande eines märkischen Dorfes durch taufrische Wiesen zu stapfen, ist heute noch genauso möglich wie zu Zeiten Fontanes und der Postkutschen.

Heiter wirken Birkenalleen. Silbrig flirren die Blätter dieser schlanken Bäume. Ihre Durchlässigkeit gibt den Blick auf die umliegenden Felder preis. Diese Alleen haben nichts gemein mit dem düsteren Ernst ihrer dunklen Schwestern. Immer wieder scheint auf dem hügeligen Boden der Mark Brandenburg die Straße nach der nächsten Erhebung einfach aufzuhören.

Ein turmbewehrtes Eingangstor steht am Eingang des Friedhofs in Langen. Die Form seiner Türme wiederholt sich in der Gestaltung des Turmes der kleinen Dorfkirche. Backsteinziegel stellen eines der am häufigsten verwerteten Baumaterialien dieser Gegend dar. So wurden sie auch bei der Gestaltung dieses neogotischen Ensembles benutzt.

Blaue Stunde am Ruppiner See. Die Königin der Nacht ist nicht mehr fern. Die Stimmung hat etwas Unwirkliches. Unbeweglich ruht der See im Zwielicht unter dem noch blassen Mond und scheint vor sich hinzuträumen. War es dieses fast nordische Licht seiner Heimatstadt Neuruppin, das Karl Friedrich Schinkel schon als Kind zu seinen späteren Landschaftsgemälden und visionären Bühnenbildern inspirierte?

Durch die märkische Schweiz ins Oderbruch

Viele Wege führen von Berlin aus ins Oderbruch. Einer der verschlungensten, aber landschaftlich reizvollsten ist der durch die märkische Schweiz über Buckow. Wenn es die Berliner „ins Jrüne" zog, war die Perle der märkischen Schweiz schon immer eines ihrer Lieblingsziele gewesen. „Bei der bloßen Nennung des Namens steigen freundliche Landschaftsbilder auf: Berg und See, Tannenabhänge und Laubholzschluchten, Quellen, die über Kiesel plätschern und Birken, die, vom Winde halb entwurzelt, ihre langen Zweige bis in den Waldbach niedertauchen", schwärmt Fontane von Buckows Umgebung. Von der Stadt ist er nicht mehr so begeistert. „Allen Respekt vor jener, aber Vorsorge gegen diese. Seine Häuser kleben wie Nester an den Abhängen und Hügelkanten, und sein Straßenpflaster, um das Schlimmste vorwegzunehmen, ist lebensgefährlich. Es weckt mit seiner hals- und wagenbrechenden Passage die Vorstellung, als wohnten nur Schmiede und Chirurgen in der Stadt, die auch leben wollen." Am holprigen Pflaster hat sich bis heute kaum etwas geändert. Lebensgefährlich ist es zwar nicht, stellt aber für hochhackige Schuhe und Autoachsen wie einst für Kutschenachsen immer noch eine Bedrohung dar.

Die Fontanesche Skepsis konnte ein knappes Jahrhundert später einen großen Dichterkollegen nicht davon abhalten, genau in Buckow seinen Sommersitz zu nehmen. „Das kleine Haus unter Bäumen am See..." wie Bertolt Brecht es liebevoll beschrieb, ist so klein gar nicht. Das wunderhübsche, knöterichumrankte Haus mit Walmdach und viel Holz steht als letztes Haus in einer steil aus dem Ortskern herausführenden holprigen Straße. Der riesige Garten, der schon eher den Namen Park verdient, endet in seinem unteren Bereich am baumumsäumten Ufer des Schermützelsees und wird seitlich nur von einem rauschenden Laubwald begrenzt.

Zu Lebzeiten hing oft ein Zettel am Gartentor, auf dem sich Brecht Störungen beim Dichten verbat. In der Abgeschiedenheit und Ruhe seiner Sommerresidenz entstanden die „Buckower Elegien", die der Schriftsteller Rolf Schneider als „karge, gleichsam märkische Spruchgedichte voller Skepsis, Sinnlichkeit und Ernüchterung, gelegentlich Angst" bezeichnet hat. Heute sitzt keine Helene Weigel mehr auf der Türschwelle und fädelt in sommerlicher Versonnenheit mit rutschender Nickelbrille im Kreise ihrer Enkel selbst gesammelte Waldpilze auf. Aber der Karren der „Mutter Courage", den sie bei der Uraufführung dieses Stücks über die Bühne des Theaters am Schiffsbauerdamm zog, ist im heutigen Museum „Brecht-Weigel-Haus" zu bewundern. Die längst erwachsenen Enkel residieren auf dem Anwesen daneben, das an Großzügigkeit, ja großbürgerlicher Gediegenheit das großelterliche weit überbietet. „Privatbesitz – kein Zutritt!" wehrt ein Schild neugierige Besucher ab.

Durch endlose Wiesen und Felder führt die Straße hinter Buckow hinein ins Oderbruch. Das Bruch verläuft von Südosten nach Nordwesten; seine östliche Begrenzung erfolgt durch die Oder, seine westliche durch eine Folge von Höhenzügen, die in ihrem nördlichen Teil Hoher Barnim und im südlichen Teil Seelower Höhen heißen. Obwohl im Zentrum der historischen Mark Brandenburg gelegen, wird man hier vergebens Kiefernwälder, Heidelandschaften und den märkischen Streusand suchen. Nicht gerade verlockend hat es im Bruch vor seiner Kolonisation ausgesehen, weiß ein zeitgenössischer Chronist zu berichten: „Ungeheure

Bertolt Brecht residierte gerne in seinem Sommersitz zu Buckow (oben). Der große B.B., der sich dem Sozialismus und dem Wohlergehen des Proletariats verschrieben hatte, entwickelte schon von Jugend an wenig revolutionäre Dichterfürstenallüren. Die Entstehung der meisten Theaterstücke wäre ohne seinen getreuen, ihm zuarbeitenden Hofstaat (zumeist weiblich) einfach undenkbar gewesen.

Mückenschwärme verfinsterten die Sonne. Hin und wieder erblickte das Auge auf kahler Anhöhe eine elende, mit Rohr und Schilf bedeckte Lehmhütte, von schützendem Düngerwalle umgeben. In diesen dürftigen Wohnstätten hausten arme Menschen, die im beständigen Kampfe mit dem Wasser lebten." Kein Wunder, denn mindestens zweimal jährlich überschwemmte die Oder dieses Gebiet. Seine geliebte Reiherbeize hatte Friedrich Wilhelm I. im Jahre 1736 in diese Gegend geführt. Er sah die Verheerungen, die das Oderwasser angerichtet hatte, und beschloß, genauso wie bereits das Havelländische Luch, auch diese Sumpflandschaft trockenlegen zu lassen. Allein das Ergebnis des von ihm dem Kriegsrat und erfahrenen Wasserbauer Simon Leonhard von Haerlem in Auftrag gegebenen Gutachtens ließ den König von seinem Vorsatz Abstand nehmen. „...daß es allerdings geschehen könne; daß die Arbeit aber schwierig, weit aussehend und kostspielig sei", lautete nämlich das Ergebnis der rätlichen Expertise. „Ich bin zu alt und will es meinem Sohn überlassen", machte der Auftraggeber daraufhin einen raschen Rückzieher.

Friedrich II. nahm sich tatsächlich der ihm auferlegten Aufgabe an, die schwer genug zu lösen war: Die Oder mußte umgeleitet und begradigt werden. Gewaltige Dämme und Deiche mußten errichtet und Tausende von Kilometer lange Entwässerungsgräben gezogen werden. Oberst von Retzow und Ingenieur Kapitän Petri waren neben Kriegsrat Haerlem die Verantwortlichen dieses riesigen Projekts. Bevor es an die endgültige Verwirklichung ihrer Pläne ging, mußten sie von dem damals berühmten Mathematiker Euler abgesegnet werden. Sich auf der neugewonnenen Fläche anzusiedeln wurde wenige Jahre später Pfälzern, Schwaben, Böhmen, Franken, Westfalen, Mecklenburgern, Württembergern, Österreichern und Polen huldvoll angeboten. Die Menschen folgten dem königlichen Ruf in solchen Scharen, daß 30 neue Bauerndörfer gegründet werden konnten. Insgesamt ließen sich 1134 Familien in dem neuen Siedlungsgebiet nieder.

Vom Rande des Oberbarnims betrachtete Friedrich 1763 die Urbarmachung des Oderbruchs und befand, sein Werk ward wohlgetan. Noch eingedenk des gerade beendeten Siebenjährigen Krieges meinte er befriedigt: „Hier habe ich im Frieden eine Provinz erobert."

Auch Fontane war von der neugeschaffenen Kulturlandschaft beeindruckt: „Graben und Wall haben bezwungen das Element, und nun blüht es von End zu End allüberall." Seit nunmehr 200 Jahren bildet das Oderbruch ein tiefgelegenes Stück Erde, durch das unregelmäßige Wasserläufe sickern, die noch an die einst ungebärdige Oder erinnern. Da ein einzelner Baum, dort eine Gruppe von Erlen. Zwischen schnurgeraden Straßen und ebenso geraden Kanälen dehnen sich riesige Wiesen und Äcker, über denen sich der weite Himmel wölbt. „Die Einförmigkeit dieser artifiziellen Landschaft verführt etwas zur Melancholie", stellte Rolf Schneider bei seinem Besuch im Oderbruch fest, „und die spürbare Mischung aus preußischer Kargheit, preußischem Fleiß und agrarischem Gewinnstreben atmet noch deutlich den Geist dessen, was die Verwandlung dieser Landschaft einstmals bewirkt hat: die materielle Bedürftigkeit."

Nicht als militärische, sondern als „kulinarische" Großtat Friedrichs II. wird gerne die Einführung des Kartoffelanbaus gepriesen. Einige Menschen aßen irrtümlicherweise anstatt der Erdknolle das giftige Kartoffelkraut und mußten bedauerlicherweise ihr Leben lassen.

In einem Trog, ohne ihr Element Wasser verlassen zu müssen, werden Schiffe im Schiffshebewerk Niederfinow einfach über die Straße nach oben gehievt. Weil die Schleusentreppe des Oder-Havelkanals nicht mehr ausreichte, wurde in den Jahren 1927–1934 diese Stahlkonstruktion errichtet. Das Hebewerk kostete damals 27,5 Millionen Reichsmark und ist das größte seiner Art in der ganzen Welt. Wuchtig erhebt sich das Meisterwerk der Ingenieurskunst in seiner Höhe von 60 Metern aus der Niederung empor. Es ist 94 Meter lang und 27 Meter breit. Nur fünf Minuten dauert es, um ein Schiff 36 Meter zu heben. Der Schleusengang, der das Schiff entweder nach oben in den Oder-Havelkanal oder nach unten in den Finowkanal bringt, benötigt dagegen 20 Minuten.

Im Juni bedecken Rapsblüten wie ein dichter gelber Teppich die ausgedehnten ebenen Felder des Oderbruchs. Längst ist aus der sumpfigen Wildnis des zu Zeiten Friedrichs II. kultivierten Gebiets eine Kulturlandschaft eigener Prägung geworden. Ihre zeitweilige Monotonie erinnert an Holland, die ehemalige Heimat vieler Einwanderer.

Das lichte Grün des Bruchwaldes am Oder-Havelkanal erweckt Vorfreude auf den baldigen Frühling. Erlen und Weiden haben sich im Laufe zweier Jahrhunderte so dicht an die Befestigung des künstlichen Gewässers herangeschoben, daß die Bewachsung des Ufers sich kaum mehr von der eines natürlichen Flusses unterscheidet.

In der untergehenden Abendsonne wollen noch nicht einmal die schweigsamen Angler die absolute Ruhe des Grimnitzer Sees stören. Unbeweglich liegen ihre Kähne auf dem spiegelglatten Wasser und warten auf ihre Besitzer. Es gibt Momente, da scheint die Erde in ihrem Lauf innezuhalten. An manchen der märkischen Seen geschieht es jeden Abend.

Werder, unentdeckte Perle im Havelland

Mit liebendem Arme du umfängst.
Jetzt Wasser, drauf Elsenbüsche schwanken,
Lücher, Brücher, Horste, Lanken.
Nun kommt die Sonne, nun kommt der Mai,
Mit der Wasserherrschaft ist es vorbei.
Wo Sumpf und Lache jüngst gebrodelt,
Ist alles in Teppich umgemodelt,
Ein Riesenteppich, blumengeziert,
Viele Meilen im Geviert.
Tausendschönchen, gelbe Ranunkel,
Zittergräser, hell und dunkel,
Und mitteninne (wie das lacht!)
Der roten Ampfers leuchtende Pracht.
Ziehbrunnen, über die Wiese zerstreut,
Trog um Trog zu trinken beut,
Und zwischen den Trögen und den Halmen,
Unter nährendem Käuen und Zermalmen,
Die stille Herde,... das Glöcklein klingt,
Ein Luftzug das Läuten herüberbringt.

Und an deinen Ufern und an deinen Seen,
Was, stille Havel, sahst all du *geschehn*?!
Aus der Tiefe herauf die Unken klingen –
Hunderttausend Wenden hier untergingen;
In Lüften ein Lärmen, ein Bellen, ein Jagen,
„Das ist Waldemar", sie flüstern und sagen;
Im Torfmoor, neben dem Kremmer Damme
(Wo Hohenloh fiel), was will die Flamme?
Ist's bloß ein Irrlicht?...Nun klärt sich das Wetter,
Sonnenschein, Trompetengeschmetter,
Derfflinger greift an, die Schweden fliehn,
Grüß Gott dich Tag von Fehrbellin.

Grüß Gott dich Tag, du Preußenwiege,
Geburtstag und Ahnherr unsrer Siege,
Und Gruß dir, wo die Wiege stand,
Geliebte Heimat, Havelland!"

Theodor Fontane
Potsdam, im Mai 1872

Bereits 1920 hatte Berlin mit seinen Vororten und einigen eingemeindeten märkischen Dörfern 4,1 Millionen Einwohner. 2,4 Millionen lebten in der Provinz und dort zur Hälfte in Ortschaften mit weniger als 2000 Einwohnern. Fährt man heute durch die Mark Brandenburg und meidet dabei bewußt größere Städte wie Brandenburg, Potsdam oder Frankfurt/Oder scheint sich daran äußerlich nichts geändert zu haben. Die durchgreifenden strukturellen Änderungen der Nachkriegszeit und des realen Sozialismus haben im Erscheinungsbild märkischer Dörfer erstaunlich geringe Spuren hinterlassen. Natürlich ist der Verfall nicht übersehbar. Aber auch in der angeblich so guten alten Zeit werden diese Ortschaften niemals die puppenstubenhaft aufgeputzte Niedlichkeit süddeutscher (restaurierter) Dörfer gehabt haben.

Mit lautem preußischen Tschingderrassabum wurde in Werder die leise Tatsache der Baumblüte gefeiert. Dem Festzug der Honoratioren, der Herren Obstbaumzüchter, schloß sich groß und klein gerne an.

Natürlich hat fast jeder noch so kleine Ort inzwischen einen häßlichen Neubaubereich in Plattenbauweise. Natürlich rumpeln jetzt blitzblanke Westwagen statt töffender Trabis über die altertümlichen Pflasterstraßen. Die Parolen von einst, die den Sieg der Arbeiterklasse und die unverbrüchliche Freundschaft mit dem großen Bruder Sowjetunion verkündeten, sind schreienden Plakaten und Reklametafeln westlicher Unternehmen gewichen. Noch macht sich das nicht aufdringlich bemerkbar. Vielleicht weil das westliche oder großstädtische Auge zu viel zu staunen hat über lange nicht geschaute Dinge: Wie in alten Zeiten spazieren gackernde Hühner auf Futtersuche mitten durch das Dorf, schmücken rosa, weiße und lila Stockrosen und dunkelblauer Rittersporn bäuerliche Vorgärten, in dem Großmutter, das dunkle Kopftuch tief ins Gesicht gezogen, auf den Knien Unkraut jätet oder Großvater neben seinem Enkel auf der Holzbank am Haus gemütlich seine Pfeife schmaucht. Alles scheint hier einen Schritt langsamer zu gehen, von moderner Hetze keine Spur. Wo gibt es heutzutage noch mitten im Ort dichtgepflanzte Alleen, deren uralte Bäume ein schattenspendendes Dach über ganze Straßenzüge bilden? Gegen Abend ist es hier eher ein biß-

chen unheimlich, denn dann erscheinen Dörfer und Städtchen wie ausgestorben. Keine Menschenseele ist auf der Straße zu sehen und wehe dem, der sich in einer verregneten Winternacht in dieser Region verirrt. Er ist verloren, wenn er nicht den Mut hat, noch zu nächtlicher Stunde jemanden aus seinem verschanzten Zuhause herauszuklingeln, um nach dem Weg zu fragen.

Am Rande Berlins beginnt schon das Abenteuer Havelland. Die Landschaft zeigt ihr typisches Gesicht. Dichte Wälder links und rechts der mal schnurgeraden, dann wieder dem welligen Bodenverlauf folgenden Straßen. Unter der grünen Bodendecke schimmert überall der gelbliche Sand hindurch. Durch das dichte Laub blinkt ab und an das Wasser einer der zahlreichen Seen im sommerlichen Blitzeblau. Die Straße führt nach Werder. Die Lage dieses Städtchens inmitten eines Seengebiets macht schon auf der Karte einen sehr vielversprechenden Eindruck. Die Seen heißen Schwielowsee, Glindowsee, Plessowsee, kleiner und großer Zerner See; alle zusammen bilden das bekannte Havelseengebiet. „Die Havel, um es noch einmal zu sagen, ist ein aparter Fluß; man könnte ihn seiner Form nach den norddeutschen oder den Flachlandsneckar nennen. Er beschreibt einen Halbkreis, kommt vom Norden und geht schließlich wieder gen Norden, und wer sich aus Kindertagen jener primitiven Schaukeln entsinnt, die aus einem Strick zwischen zwei Apfelbäumen bestanden, der hat die geschwungene Linie vor sich, in der sich die Havel auf unseren Karten präsentiert. Das Blau ihres Wassers und ihre zahllosen Buchten (sie ist tatsächlich eine Aneinanderreihung von Seen) machen sie in ihrer Art zu einem Unikum", stellt Fontane fest.

Alljährlich zur Zeit der Baumblüte schwimmt Werder in einem weiß-rosafarbenen Meer unzähliger Apfel- und Kirschbaumblüten. Das riesige Obstanbaugebiet hat inzwischen um sein Überleben zu kämpfen.

Das Städtchen Werder liegt auf einer Insel der von der Havel gebildeten Seen. Die Stadt war 1784 nur sechsundvierzig Morgen groß. „Zur Sommerzeit, wenn das Wasser zurückgetreten ist, kann man die Insel in einer Stunde umschreiten", zitiert Fontane den Stadtchronisten Ferdinand Ludwig Schönemann. Wie wohl die weitere Entwicklung Werders aussieht? Ihm wird bereits eine Zukunft als das Starnberg Berlins prophezeit. Die Voraussetzungen sind gegeben, seine Lage ist geradezu ideal. „Von den Höhen der Neustadt überblickt man die immer noch schilfgesäumte Inselstadt und das schimmernde Panorama der Havelseen. Vom Westufer schaut man, über den schmaleren Arm des Flusses hinweg, zum weichen Ufer neustädtischer Höhen empor, auf denen im April die Kirschen blühen", beschreibt ein gebürtiger Werderscher heute seine ehemalige Heimatstadt. Bislang ist von der Entwicklung zu einem havelländischen Fontainebleau kaum etwas zu spüren. Das 10 000-Einwohner-Städtchen wirkt beschaulich. Vom letzten Krieg blieb es verschont. Die meisten der nur ein- bis zweigeschossigen Putzbauten aus dem 18. und frühen 19. Jahrhundert haben die Kriegswirren überstanden und trotzen heute so gut wie möglich dem Verfall. Einzig die Türme der Pfarrkirche ragen höher hinauf. Werder war das Obstbauzentrum der ehemaligen DDR. 16 Millionen Obstbäume stehen in seiner unmittelbaren Umgebung. „Für jeden DDR-Bürger ein Obstbaum" vermerkte stolz der damals zuständige Landwirtschaftsminister. Daß Werder aber vor rund hundert Jahren gerade wegen dieser Eigenschaft ein Mekka der Berliner war, davon ist nicht mehr viel zu merken. Das Baumblütenfest wird heute noch gefeiert, aber längst nicht mehr in der bacchantischen Ausgelassenheit früherer Jahre.

Das Obstanbaugebiet rund um Werder nutzten bis in das 17. Jh. die Zisterzienser des Klosters Lehnin zum Anbau von Reben. Die Qualität des Weins soll sogar mit der eines Moselweins vergleichbar gewesen sein. Er genügte den Ansprüchen der Mönche und der bescheidenen Bevölkerung, aber nicht denen des höchst trinkfesten Friedrich Wilhelms I. Der um das Wohl seiner Soldaten stets besorgte König verbot den Weinanbau kurzerhand, weil selbiger „seinen Grenadieren nur das Gedärm endommagiere". Anstatt Reben seien fortan Obstbäume und -sträucher anzupflanzen. Gesagt, getan. Die pfiffigen Mönche waren jedoch flexibel und destillierten nun aus Kirschen, Johannis- und Stachelbeeren die wohlschmeckenden, gleichfalls berauschenden, aber wesentlich weniger bekömmlichen Obstweine. Die Kunde davon drang alsbald bis nach Berlin vor. Unter dem Vorwand, die Baumblüte bewundern zu wollen, zogen die Berliner ab Mitte des letzten Jahrhunderts in ganzen Völkerscharen in die kleine Stadt im Havelland. Ihre wahren Intentionen beschreibt einige Dezennien später Erich Kästner: „Ich hatte den

Eindruck, daß die Berliner kein ausgeprägt alkoholischer Volksstamm sind. Sie trinken nur gern, nicht über den Durst. Aber gerade diese mangelnde Übung trägt die Hauptschuld, daß viele, die auszogen, die Baumblüte zu suchen, einen Affen fangen. Es schien Ehrensache zu sein, Werder schwankend zu verlassen. Wer hier nicht betrunken war, der wurde von den anderen – o sinnreiche Sprache – nicht für ‚voll' angesehen!"

„Bretterknaller" wurde das süße Zeug auch genannt, dem aber selbst die ehrbarsten Familienmitglieder nicht widerstehen konnten, wie der Dichter Klabund zu erzählen weiß: „Tante Klara ist schon um ein Uhr sinnlos betrunken. Ihr Satinkleid ist geplatzt. Sie sitzt im märkischen Sand und schluchzt. Der Johannisbeerwein hat es in sich. Alles jubelt und juchzt. Und schwankt wie auf der Havel die weißen Dschunken."
Eine im märkischen Sand sitzende und weinende Tante Klara, die des Trostes bedarf, findet man heute nicht mehr, dafür aber die Einheimischen, die früher die Obstweinorgien der großstädtischen Berliner nur aus der Ferne verfolgten. Die Werderaner oder „Werderschen", wie Fontane sie nannte, haben den Ruf, ein spröder Menschenschlag zu sein, arbeitsam ja, dabei weltabgewandt und prüde. Als einen „tüchtigen Stamm" schildert sie Fontane. „Hart, zäh, fleißig, sparsam, abgeschlossen, allem Fremden und Neuem abgeneigt." Diese Eigenschaften können für Werder und die „Werderaner" nur nützlich sein, um sich auf Dauer gegen die erwachsene Konkurrenz aus badischen und italienischen Obstanbaugebieten behaupten zu können. Eine gesunde Skepsis, was die Entwicklung Werders zu einem Villenvorort mit unbezahlbaren Mieten angeht, ist auf jeden Fall angebracht.

Beliebt und gefürchtet zugleich waren die süßen Werderschen Obstweine. Selbst die ehrbarsten Berliner/innen verloren anläßlich des Baumblütenfestes im Obstweinrausch ihre „Contenance". Aber das Auge des Gesetzes wachte über sie. Preußische Gendarme geleiteten die Torkelnden fürsorglich zurück an ihre Sonderzüge oder zu den weißen Haveldampfern.

Die uralte Lindenallee bei Königshorst im Havelland formt über der Straße aus ihren Zweigen und Blättern ein halbrundes, romanisch anmutendes Gewölbe. Wie ein Hoffnungsschimmer in der Ferne scheint am Ende des grünen Tunnels die helle Öffnung, die wieder Sonne und Licht verheißt.

Der Pfau auf der Pfaueninsel läßt dieses legendenumwobene winzige Havel-Eiland noch märchenhafter erscheinen. Im 17. Jahrhundert erfand der Alchimist Johannes Kunkel auf diesem Inselchen im Zuge seiner vergeblichen Versuche, Gold herzustellen, das Rubinglas. Später residierte hier Gräfin Lichtenau, königliche Geliebte von Friedrich Wilhelm II., für die er das weiße Schloß im Stil eines verfallenden römischen Landhauses erbauen ließ.

Riesige Bäume spiegeln sich im unbeweglichen Wasser. Selbst schlichte Tonkuhlen übernehmen im Havelland auf Dauer etwas von der ruhigen Würde eines richtigen Sees.

Die Seilfähre von Caputh bringt ihre Gäste sicher über den Templiner See. Um die Jahrhundertwende zog dieser reizvolle Ort die reichen Berliner und Potsdamer in Scharen an. Auch Albert Einstein war von Caputh sehr angetan. Er verbrachte die Sommermonate zwischen 1929 bis zu seiner Emigration 1933 hier in einem schlichten Holzhäuschen, wo er nicht nur über Formeln sann, sondern viel lieber Holz hackte oder auf seiner geliebten Geige spielte.

SEILFÄHRE

Ein dunkler Himmel ballt sich über Werder. Die alte Mühle scheint vor dem aufkommenden Unwetter zwischen den Bäumen Schutz zu suchen. Gegen die Unbill des Wetters war dieses Städtchen niemals gefeit. Aber es blieb im Dreißigjährigen Krieg wegen seiner Insellage vor plündernden Soldaten und sogar der Pest verschont.

Einem Birnbaum und seinem Besitzer, dem Herrn von Ribbeck auf Ribbeck im Havelland, widmete Fontane sein wohl bekanntestes Gedicht. Dabei sind es Kirsch- und Apfelbäume, die zu Millionen hier auf riesigen Obstplantagen gedeihen. Die gefährlich süßen, alkoholhaltigen Obstweine, die aus den Früchten gekeltert wurden, sind heute noch berühmt-berüchtigt.

Keine Kahnfahrt und keine Gurken im Spreewald

Die Landstraße 179 führt geradewegs hinein in den Spreewald. „Die Einmaligkeit der Niederungslandschaft beruht zunächst auf der Aufspaltung der Spree und ihrer größeren Zuflüsse in eine Vielzahl von Flußarmen – hier Fließe genannt. Diesen natürlichen Flußläufen hat der Mensch zur wirtschaftlichen Erschließung, insbesondere zur Grünlandnutzung, wie auch zur Verbesserung der wasserwirtschaftlichen Verhältnisse im Laufe der Jahrhunderte durch eigene Arbeit Kanäle und Gräben in großer Zahl hinzugefügt", doziert ein kleiner Wanderatlas über den Spreewald. Weitschweifig läßt er sich über den Gemüseanbau dieser Region aus. Die Spreewaldgurken erfreuen sich wachsender Beliebtheit. Nirgendwo in der ganzen Welt wird außerdem so viel Meerrettich angebaut wie hier.

Mal sehen, wie das nun in der Wirklichkeit aussieht. Erstes Indiz, daß wir uns dem Spreewald nähern, sind die seltsamen Heuschober, die zum Wahrzeichen dieser Region geworden sind. Zwiebelförmig hocken die runden Gebilde auf den frischgemähten Wiesen links und rechts der Straße. Eingebettet inmitten einer Niederung des Spreewalds auf einer schmalen Landbrücke liegt Lübben, eine Stadt im Grünen. Zu achtzig Prozent wurde ihre Altstadt 1945 in den letzten Kriegstagen noch zerstört. Wie durch ein Wunder blieb jedoch die Paul-Gerhardt-Kirche, ein spätgotischer Backsteinbau, erhalten. Trutzig überragt sie das moderne Lübben und erinnert an eine andere Zeit. Hier hat der bekannte evangelische Liederdichter Paul Gerhardt seine letzten acht Lebensjahre verbracht und wurde 1676 im Altarraum der später nach ihm benannten Kirche beigesetzt.

„Geh aus mein Herz und suche Freud' in dieser lieben Sommerzeit" lauten die Anfangszeilen seines wohl bekanntesten Liedes. Dem frommen Archidiakonus muß das eigene Herz in der schönen Umgebung des Spreewaldes so weit aufgegangen sein, daß es ihn zu seinen Hymnen beflügelte.

Verläßt man Lübben in östlicher Richtung führt die Straße durch winzige Dörfer nach Straupitz. Schon seit etlichen Kilometern sind die Ortsschilder zweisprachig. In der Heimat der Sorben wird großer Wert auf Erhaltung und Pflege der einzig noch in deutschen Landen gesprochenen slawischen Sprache gelegt. Die Sorben sind Nachfahren einer westslawischen Völkergruppe, die im 6./7. Jahrhundert hauptsächlich das Gebiet der Ober- und Niederlausitz besiedelten. Ihre berühmte Spreewalder Tracht bekommt man im Alltag längst nicht mehr zu sehen. Nur an Feiertagen oder traditionellen Volksfesten werden heute noch die schweren Gewänder aus Truhen und Schränken geholt und voller Stolz getragen. Anders erging es Fontane, der vor über hundert Jahren Gelegenheit hatte, einem Gottesdienst in Lübbenau beizuwohnen: „Frauen und Männer saßen getrennt, und nur die Frauen, soviel ich wahrnehmen konnte, trugen noch ihr spezielles Spreewaldkostüm... Der kurze faltenreiche Friesrock, das knappe Mieder, das Busentuch, die Schnallenschuhe, selbst die bunten seidenen Bänder, die, mit großem Luxus gewählt, über die Brust fallen... der spreewäldische Kopfputz, und ich versuche seine Beschreibung. Eine zugeschrägte Papier- oder Papphülse bildet das Gestell, darüber legen sich Tüll und Gaze, Kanten und Bänder und stellen eine Art Spitzhaube her." Zu bewundern sind diese Trachten heute im Spreewald-Museum in Lübbenau oder im Freiland-Museum in Lehde. Dort wird auch noch die traditionelle Fertigkeit des Ostereierfärbens vorgeführt. Deren ornamentale Bemalungen verraten unverkennbar slawischen Einfluß.

Den kompliziert gefalteten Kopfschmuck der Sorbinnen exakt zu beschreiben, behauptete Fontane außerstande zu sein. Die Spinnstube war beliebter Treffpunkt der sorbischen Bevölkerung. Dort wurde nicht nur Garn gesponnen.

Die alten Bauernhäuser , die sich bis in die heutige Zeit erhalten haben, könnten auch irgendwo in Polen oder Rußland stehen. Die wirtschaftlich starken Bauern paßten sich im letzten Jahrhundert mehr oder minder einer städtischen Lebensweise an und bauten ihre Häuser vorwiegend aus Stein. Die weniger bemittelten Bauern waren gezwungen, bei der traditionellen Fachwerk- und Blockbauweise zu bleiben. „Spreewaldeichen, horizontal übereinandergelegt, werden zusammengefugt und geben das alte traditionelle Haus. Die Fugen werden mit Lehm verschmiert, dazu kleine Fenster und dem ganzen ein tüchtiges Schilfdach aufgesetzt.“ So sahen die Häuser also auch zu Fontanes Zeiten aus. Zum Glück, möchte man heute sagen, daß sich hier die überlieferte Volkskultur entsprechend länger hielt.

Vereinzelt hat sich die Blockhüttenbauweise im Spreewald noch bis heute erhalten. Nach wie vor sind auch die flachen Kähne ein unverzichtbares Transportmittel auf dem verzweigten Wassernetz der Spree.

Wie ein russisches Dorfkirchlein wirkt das Gotteshaus in einem winzigen Dorf vor Straupitz. Der freistehende hölzerne Kirchturm richtet sich ein wenig windschief neben dem Haupthaus empor. Seine Verschalung hat sich im Laufe der Jahre schwarz verfärbt.
Ganz anders hingegen die Kirche von Straupitz. Schon von weitem grüßen ihre Türme. Staunend stehen wir vor dieser, in dem dörflichen Straupitz ein wenig fehl am Platze wirkenden Kirche, die an eine italienische Kathedrale erinnert. Ihre Fassade ist verwittert. Ein riesiger Riß im Gemäuer scheint den Bau in zwei Teile spalten zu wollen. Das Portal ist vergittert, aber die oberen Flügel der Türen stehen offen. Ein Blick durch die Gitter offenbart das in strahlendem, aber schlichtem Weiß gehaltene Innere der Kirche, das im krassen Gegensatz zum eher vernachlässigten Äußeren steht. Im ganzen Dekor machen sich protestantische Bescheidenheit und Zurückhaltung bemerkbar. „Wenn Sie die Kirche besichtigen wollen, müssen Sie nebenan nur dem Pfarrer Bescheid sagen. Der schließt Ihnen bestimmt auf“, empfiehlt uns ein Spaziergänger, der unser Spähen und Balancieren auf den Zehenspitzen beobachtet hat.

Der klassizistische, sich am romanischen Vorbild orientierende Bau wurde ursprünglich von einem der berühmtesten Architekten seiner Zeit und Sohn der Mark Brandenburg, dem gebürtigen Neuruppiner Schinkel entworfen. In der Ausführung habe man sich aber nicht originalgetreu an seinen Entwurf gehalten, weiß unser Beobachter zu erzählen. Im Inneren ist die Kirche erst kürzlich renoviert worden. Viel mehr Kummer bereitet jedoch der riesige Riß, der quer durch das ganze Gebäude geht und im oberen Stockwerk bis zu einem halben Meter breit ist. Eine Torflinse unter dem Sand, auf dem das Fundament errichtet wurde, ist im Laufe der Zeit weggesackt und hat damit das Gleichgewicht des Backsteinbaus durcheinandergebracht. Es wird aber alles daran gesetzt, den Bau zu erhalten.
Unser spontaner Fremdenführer trägt eine Zeichenmappe unter dem Arm, die er auf meine Bitte hin auch öffnet. Aha, so soll die Fassade eines Tages wieder aussehen. Der Zeichner hat die Kirche in ihrem ursprünglichen oder wiederherzustellenden Zustand auf seinem Blatt festgehalten. „Eigentlich wollten wir hier irgendwo Kahn fahren“, sage ich, nachdem ich die Zeichenblätter gebührend bewundert habe, und gestehe damit das Erlöschen meines kunsthistorischen Interesses ein. „Kahnfahren? Jetzt um diese Jahreszeit? Sie wollen in das Mückenparadies?“ Er schüttelt verständnislos den Kopf, erklärt aber gerne den Weg weiter nach Burg.
„Der Weg führt durch dichtes Gehölz, das wie ein grüner Wandschirm dasteht und nach keiner Seite hin einen Durchblick gestattet“, beschreibt Fontane eine seiner Fahrten durch die Spreewaldlandschaft. So ist es auch heute noch, nur daß unsere Pferdestärken nicht mehr mit Hafer gefüttert, sondern nur mit Benzin getränkt werden. Schließlich lichtet sich der Wald wieder, um einer weiträumigen Wiesenlandschaft zu

weichen. Vereinzelte Schäfchenwolken treiben am strahlendblauen Himmel. Das Tirillieren der Lerchen, die sich in lichte Höhen emporschwingen, durchdringt sogar das stete Brummen des Automotors. Der unbefestigte Feldweg ist nur von einem Fahrzeug zu nutzen, aber Gegenverkehr ist in dieser Einsamkeit die Ausnahme. „Gaststätte geöffnet" behauptete bereits schon einige Male ein handgeschriebenes hölzernes Schild am Straßenrand. Am Ziel angelangt, stehen wir jedoch vor einer einzigen Baustelle, trotzdem: „Gaststätte geöffnet" beweist ein weiteres Schild. „Sie müssen einfach rumgehen, da finden Sie es schon", ruft uns ein freundlicher Bauarbeiter zu, der unser zögerndes Nähern beobachtet hat. „Sie müssen Blumenkohl essen. Der ist wirklich gut", schließt er, gemütlich auf seinen Spaten im Sandhaufen gestützt, noch eine Speiseempfehlung an. Keine Gurken? Eine Idylle am Kanal tut sich hinter dem einstigen Landgasthof, der gerade eifrig wieder auf Vordermann gebracht wird, auf. Das Wasser im Fließ steht still. Auf seiner Oberfläche spiegeln sich Schwarzerlen und Eichen. Wie Eschen und Buchen gehören sie zu dem noch ursprünglichen Bewuchs des Spreewalds. An einem winzigen Anlegestieg dümpelt ein einsamer Holzkahn. Die Fahrgäste haben auf ihrer Tour über Kanäle und Fließe der Spree an der Waldschänke eine Rast eingelegt. Zwei riesige hölzerne Veranden sind hinten an das Hauptgebäude angefügt. Durch ihre Glasfenster fällt der Blick ins Freie auf das dichte Grün des Waldes und den trägen Fluß. „Hier können Familien Kaffee kochen" lautete einst die Ankündigung vieler Ausflugslokale rund um Berlin. Auch hier könnte so ein Schild gestanden haben. Es sind nicht viele Gäste, die heute auf der Veranda Platz genommen haben. Dadurch hat die Atmosphäre etwas von der Beschaulichkeit eines Familienausflugs der fünfziger Jahre. Die Spezialität dieses Lokals scheint einfacher Pfannkuchen zu sein. Auf der Karte steht dieses Gericht nicht. Aber um uns herum sitzen meist ältere Ehepaare, die sich Pfannkuchen (und nicht Crèpes) bestellen und bei einer Tasse Kaffee genüßlich vertilgen. „Oh, das ist heute gar nichts, da sollten Sie mal die Ferienzeit erleben. Da ist hier der Teufel los", sagt der freundliche Wirt zu einem Gast am Nebentisch, der sich wohl gerade über die wenigen Gäste gewundert hat. Irgendwo müssen die etwa eine Million Touristen aus dem In- und Ausland, die alljährlich dem Spreewaldgebiet einen Besuch abstatten, ja bleiben. Also Glück gehabt in unserem Fall. Aber auch Pech, denn „Nein, hier können Sie nicht Kahn fahren. Den hätten Sie vorbestellen müssen", bedauert der Wirt. „Aber fahren Sie doch zum Waldschlösschen. Die bieten stündlich Kahnfahrten an." Durch Felder und Wiesen geht es weiter bis zum nächsten Ziel. „Fischnetze und Gurkenblüte legen den Grund, und Geißblatt und Convolvulus schlingen sich mit allen Farben hindurch. Zwischen Haus und Fluß liegt ein Grasplatz, dessen letzter Ausläufer ein Steg ist. Um ihn herum gruppieren sich die Kähne, klein und groß, immer dienstbereit, sei es nun, um einen Heuschober in den Stall zu schaffen oder einem Liebespaar bei seinem Stelldichein behülflich zu sein." So Fontane.

Dienstbereite Kähne dümpeln an der Anlegestelle „Waldschlößchen" auch heute noch vor sich hin. „Behülflichkeit" für Liebespaare ist aber weniger gefragt, als Touristenscharen durch die Gegend zu schippern. Heute haben sich nur wenige Ausflügler hierher verirrt. Die leeren knallroten und blauen Plastiksitze der Boote heben sich im scharfen Kontrast von der dunkelgrünen Wasseroberfläche ab. In ihrer Ausstattung haben die Spreewaldkähne sich den Bedürfnissen der Touristen angepaßt. An der Technik ihrer Fortbewegung hat sich bis heute nichts geändert. Schon Fontane beobachtete es so: „Burschen und Mädchen handhaben das Ruder mit gleichem Geschick. Sie sitzen nicht auf der Ruderbank oder schlagen taktmäßig ins Wasser, sondern nach Art der Gondoliere stehen sie aufrecht im Hintertheil des Boots und treiben es vorwärts, nicht durch Schlag, sondern durch Stoß. Dies Aufrechtstehen, gepaart mit einer beständigen Anstren-

Eine Spreewälderin stakt ihre Ware im traditionellen Kahn zum Gurkenmarkt in Lübbenau (rechts).
Nur kurzfristig wurde das Angebot westlicher Warenketten den berühmten Spreewaldgurken vorgezogen. Inzwischen ist das traditionell süß-sauer eingelegte Gemüse dabei, sich den Weltmarkt zu erobern.

gung aller Kräfte hat dem ganzen Volksstamm eine Haltung und Straffheit gegeben..., der Spreewälder, dem nicht Pferd, nicht Wagen die Arbeit seiner Füße abnimmt, steht immer auf dem qui vive, tätig, angespannt und hat nur die Wahl zwischen Anstrengung oder zu Hause bleiben. Die halbwache Halbarbeit kennt er nicht."

Heute scheinen sich die meisten Spreewälder für die zweite Alternative ihres Daseins entschieden zu haben. Im Gasthof „Waldschlößchen" sitzt nur der Wirt mit einem einsamen Gast. Er ist einer der hiesigen Gondoliere. „Wir würden gerne eine Kahnpartie machen." „Nee, det lohnt heut' nich'", bescheidet er uns abschlägig. „Es sinn' nich jenuch Leute da. Die Stunde kostet dreißig Mark und dette is für euch zwee beeden zu ville." Dieser Argumentation kann man sich nicht verschließen. Fünfzehn Mark pro Nase und Stunde wären noch erschwinglich, aber nur zu zweit sich in einem für mehr als dreißig Personen bestimmten Kahn über die Kanäle staken zu lassen, ist nicht sonderlich verlockend. So begnügen wir uns mit einem Spaziergang in der Spreeniederung. Die Wiesen sind nicht eingezäunt, trotzdem grasen schwarzweiße Kühe darauf oder haben sich zwischen hohen Gräsern hingelegt, um in aller Ruhe wiederzukäuen. Beim Näherkommen stellen wir fest, daß sie an lange Eisenketten angepflockt sind. Von unserer Gegenwart nehmen sie kaum Notiz. Vereinzelt stehen riesige alte Eichen in der Niederung, in deren Blättern der Wind rauscht. Um die Ohren schwirrt und flirrt es unablässig. Die berüchtigten Mücken haben in uns willkommene Opfer gefunden. Im Schatten einer der Bäume lassen wir uns auf einem kleinen Steg, der ein glucksendes Fließ überquert, nieder und die Beine hinunterbaumeln.

Diese Ruhe! Ist das Seele baumeln lassen? Es ist kaum zu glauben, aber wahr. Wir sind gerade eine gute Autostunde von Berlin entfernt und scheinen uns in einer anderen Welt zu befinden. Auf dem ganzen Stück Weg, das wir zurückgelegt haben, ist uns kein Mensch begegnet.

Am Rande der Wiese schließen sich riesige Gurkenfelder an. Vereinzelt sieht man eine Frau oder einen Mann in gebückter Haltung in den Reihen der Kulturen stehen und arbeiten. In einem Kindervers sind die Spreewälder Gurken verewigt: „In Lübbenau, in Lübbenau/ sitzt ein Indianer hinterm Bau/ und schmeißt mit sauren Gurken/ was sagt ihr zu dem Schurken?" Ach ja, wo sind sie denn, die weltberühmten Spreewälder Gurken? Angeblich werden sie doch an Straßenrändern oder an Bootsstegen, ja sogar von den Kähnen aus zum Verkauf angeboten. Auf Bildern und in Fernsehberichten über den Spreewald war dies zumindest immer der Fall. Wir haben keine einzige Spreewälder Gurke zu Gesicht bekommen. Aber vielleicht hatten die Gurken gerade Saure-Gurken-Zeit?

Die Köpenicker Altstadt liegt auf einer Insel zwischen Spree, Dahme und Kietzer Graben. Die Stadt hat ihre heutige Bekanntheit Carl Zuckmayer zu verdanken. Im Köpenicker Rathaus erzwang sich der Schuster Wilhelm Voigt in einer gekauften Offiziersuniform Zutritt, um sich endlich den so dringend benötigten Paß zu verschaffen. Weniger bekannt ist, daß im Schloß Köpenick jenes Militärtribunal tagte, das über den jungen Friedrich und Leutnant Katte zu richten hatte.

Es scheint, als suchten die Heuschober das kühlende Naß des Spreewassers, so dicht haben sie sich ans Ufer geschoben. Nur im Spreewald gibt es diese zwiebelförmigen Gebilde. Wie zu Fontanes Zeiten wird das Heu partienweise auf den flachen Kähnen in die Scheune gebracht. In dem dichten Netz der Spreeverzweigungen und Fließe ist der Kahn nach wie vor ein unverzichtbares Transportmittel für die Anwohner.

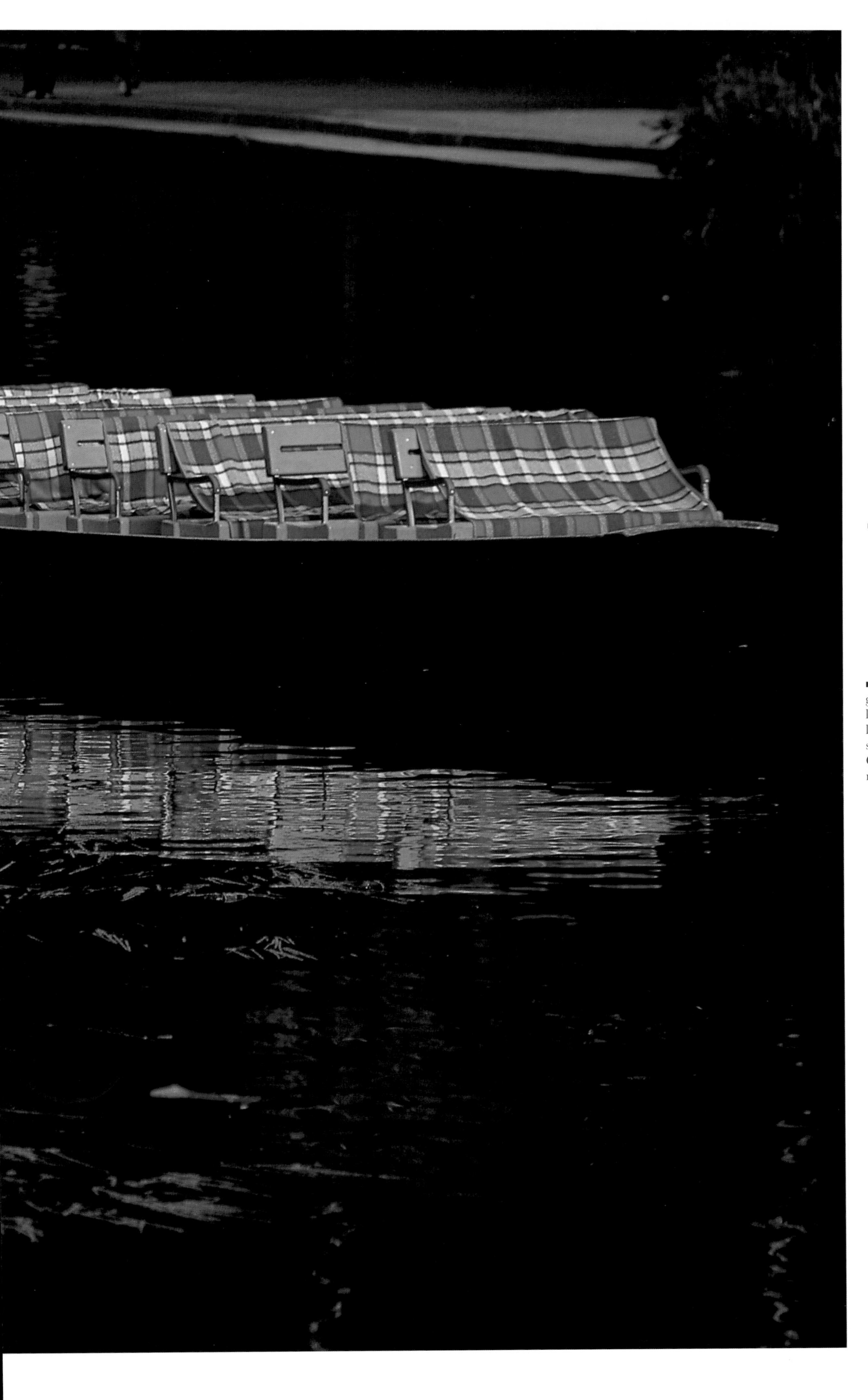

Ein buntes grafisches Muster auf dunklem Untergrund bilden die leeren Sitzreihen der Touristenkähne. Ein „Spreewald-Gondoliere“ wartet auf seine Passagiere.

Farne, Gräser, Erlen und Entengrütze bilden ein Stilleben in verschiedenen Grüntönen. In solchen Seitenarmen der Spree hat sich die Vegetation in ihrem Ursprung erhalten.

Auf der Regattastrecke am Langer See läßt man es sich nicht nehmen, den siegreichen Ruderern den roten Teppich auf ihrem Anlegesteg auszurollen.

Das Schicksal der märkischen Schlösser und Herrensitze

Ein Juwel in der einst an Perlen so reichen Schlösserkette Mark Brandenburgs ist Schloß Wiepersdorf. Nur zweihundert Einwohner hat das Dorf gleichen Namens, das sich, nur wenige Kilometer von Jüterbog entfernt, in einer flachen Mulde des welligen Niederen Fläming duckt. Um so überraschender die barocke Schloßanlage mitten im Ort. „Künstlerheim Bettina von Arnim" verkündet ein Schild am weitgeöffneten Parktor. Ungehindert, so richtig nach Schloßherrenart, kann man unmittelbar am Haupteingang des weißen Traumschlosses vorfahren. Es fehlt eigentlich nur noch der unbewegliche Hausdiener, der beflissen auf der Schloßtreppe der Ankunft der Besucher harrt. Dieser freie Zutritt ist erst seit kurzem wieder möglich.

Einst war Schloß Wiepersdorf der Sitz von Bettina und Achim von Arnim, dem wohl bekanntesten Ehepaar der deutschen Romantikbewegung. Bereits seit 1947 war der barocke Bau Künstlerheim. Hermetisch von der Außenwelt abgeriegelt, konnten Kulturschaffende der DDR, aber auch „befreundete" westliche Künstler in diesem wunderschönen Domizil in Klausur gehen. Anna Seghers, Günter Eich, Sarah Kirsch und Peter Edel haben hier die „Harmonie der Widersprüchlichkeit dieses Fleckchens Erde" genossen. Zahlreiche Gäste gingen auch zu Zeiten der von Arnims auf Schloß Wiepersdorf ein und aus. Aus Kostengründen hatte sich das Ehepaar 1814 in die allertiefste Provinz zurückgezogen. Die sieben Kinder verbrachten hier eine herrliche Kindheit. Die quirlige Bettina sehnte sich jedoch nach dem gesellschaftlichen Leben und Trubel Berlins. Ihr war es auf Dauer zu öde. „Hier in Wiepersdorf ist es so abgeschnitten von allem Weltlärm, daß, wenn etwas rumpelt in der Ferne wie ein Wagen, glaubt man eher, es sei ein Geist, als man darauf rechnet, daß Menschen zu einem kommen", beschwerte sie sich. Dabei kamen sie doch alle: Als erster natürlich Clemens von Brentano, geliebter Bruder Bettinens und bester Freund von Achim, der berühmte Rechtsgelehrte und Schwager Carl Friedrich von Savigny, Fürst Pückler-Muskau und die Gebrüder Grimm. „Arnims Gut liegt für die dortige, ganz ebene, außer einer gewissen Heimlichkeit und außer den zierlichen Birkenwäldchen wenig reizenden Gegend recht schön", fand Schloß Wiepersdorf Gnade vor Wilhelm Grimms Augen. Ihm fehlte aber das Wesentliche, sein Lebenselexier: „Aber Wein haben wir dort zu wenig gehabt, und das Bier war überaus schlecht." Nun, die Zeit der Versorgungsengpässe dürfte inzwischen endgültig der Vergangenheit angehören. Heute ist Schloß Wiepersdorf der Allgemeinheit zugänglich und bietet ländliche Gastronomie im gehobenen Rahmen. Durch die Vermietung von Gästezimmern soll weiterhin ein Teil des Schlosses als Künstlerheim erhalten bleiben können. In dieser Abgeschiedenheit Erholung zu finden dürfte nicht schwerfallen. Plastiken und Statuen aus Italien und Süddeutschland zieren das riesige Parkgelände, an das ein kleiner Wald anschließt. Im mit Seerosen bedeckten Schloßtümpel stimmen Hunderte von Fröschen wie auf Einsatz eines unsichtbaren Dirigenten ihr vielstimmiges quakendes Liebeskonzert an. In der lichten Orangerie warten Liegestühle auf Ruhebedürftige und stehen Tischtennisplatten für die Sportbegeisterten. Gäste sind nur vereinzelt zu sehen.

Daß Schloß Wiepersdorf bis heute so gepflegt erhalten blieb, ist nicht zuletzt das Verdienst seiner einstigen Herrin. Zeit ihres Lebens hatte sich Bettina von Arnim für Reformen in Preußen engagiert und sich in ihren Schriften streitlustig für sie eingesetzt. Im hohen Alter wurde sie sogar wegen „Magistratbeleidigung" belangt und als Kommunistin beschimpft. Diese „Auszeichnung" war es wohl, die dafür sorgte, daß die späteren Anhänger des realen Sozialismus mit ihrer Person nicht in ideologischen Konflikt gerieten. Bettina soll sogar einmal mit Karl Marx und seiner Jenny im Park von Wiepersdorf promeniert sein. Vielleicht war es dieser Spaziergang, der dem Schloß die Abrißbirne ersparte?

Bettina von Arnim, geborene von Brentano, ist eine der berühmtesten Frauengestalten der Deutschen Romantik. Als Kind ging sie in Frankfurt bei Goethes ein und aus. Der Dichter selbst war ihr väterlich zugetan. Der „Briefwechsel mit einem Kinde" belegt, wie gebildet, aufgeweckt und keck Bettina bereits als Dreizehnjährige war.

Karl Friedrich Schinkel (1781–1841) wird als der größte Baumeister des Klassizismus bezeichnet. Zuerst begeisterte er sich für die Gotik, danach bekannte er sich zum Klassizismus griechischer Ausprägung, um später wieder zu seinen gotischen Jugendträumen zurückzukehren.

Ein völlig anderes Schicksal erlitten die meisten anderen Schlösser der Mark Brandenburg. „Nur immer denken, daß Sie für einen Gutsherren bauen", ermahnte der hohenzollersche Kronprinz, der spätere Friedrich Wilhelm II. seinen Architekten David Gilly, als dieser 1796/97 mit den Entwürfen des Schlosses Paretz beschäftigt war. Nach dem Tode Friedrichs des Großen war auch die Epoche des friderizianischen Rokoko erloschen. Sogar bei Königs huldigte man bürgerlicher Bescheidenheit, die im Klassizismus ihren Ausdruck fand. Am vollkommensten wird dieser Zeitgeist in der Person des genialen Architekten Schinkel verkörpert. Der gebürtige Neuruppiner hat nicht nur das Stadtbild Berlins geprägt, sondern überall in der Mark Brandenburg seine Spuren hinterlassen. Manche seiner Werke bedürfen noch der Wiederentdeckung.

„Fünf Schlösser! Fünf Herrensitze wäre vielleicht die richtige Bezeichnung gewesen, aber unsere Mark, die von jeher wenig wirkliche Schlösser besaß, hat auf diesem wie auf jedem Gebiet immer den Mut der ausgleichenden höheren Titulatur gehabt", stellt Fontane seinem letzten, dem fünften Band der „Wanderungen" voran.

Was das Äußere brandenburgischer Schlösser und Herrensitze anbetrifft, ist dem Dichter beizupflichten. Mit dem Prunk und Protz anderer Feudalsitze hatten die adligen Palais der Mark wenig zu tun. Vorbehalte hegte Fontane aber gegen ihre Bewohner. „Preußen und ganz Deutschland krankt an unseren Ost-Elbiern", klagte der alte Fontane am Ende des letzten Jahrhunderts. Wollte der Dichter dem preußischen Landadel, dessen Niedergang angesichts der aufkommenden Industriegesellschaft vor dem Hintergrund einer glanzvollen Vergangenheit ihn immer wieder beschäftigt hatte, am Ende seines Lebens doch noch die Freundschaft kündigen? Die Erkenntnis des greisen Fontane war richtig. Zu seiner Zeit war Preußen durch mittelalterlich feudale Strukturen geprägt, an denen sich trotz Reformen, Revolution und den Siedlungsplänen der Weimarer Republik auch bis 1945 nichts geändert hatte. Die bis zur Rückständigkeit konservativen Krautjunker besaßen über die Hälfte des Bodens. An den Grenzen ihrer riesigen Gutsbezirke endete sogar die Macht der preußischen Könige. In ihren Schlössern und Gutshäusern kam ihr Herrschaftsanspruch allerdings seltsamerweise am wenigsten zum Ausdruck. Weniger aus Bescheidenheit als aus Not waren diese Bauten zumeist im 18. Jahrhundert entstanden. Es fehlte an allem, an Geld, Handwerkern und edlen Materialien. Die im Vergleich zu süddeutschen oder gar französischen Barockschlössern eher spartanischen Bauten entbehren nicht eines ästhetischen Reizes. „In Armut, aber in Anmut gebaut", beschreiben Architekturhistoriker ihn liebevoll.

Es waren 779 Schlösser und Herrenhäuser, die trotz Bombardierung und Artilleriekämpfen den Krieg einigermaßen unbeschädigt überstanden hatten. Das sozialistische Regime unter Ulbricht bestimmte 643 davon zum Abriß. Damit unterschied sich die SED-Regierung völlig von der in Polen oder der Sowjetunion, die ihrem historischen Erbe gegenüber eine ganz andere Haltung einnahmen. Chruschtschow war diese Mentalität seiner deutschen Genossen völlig fremd. Bei seinen Staatsbesuchen soll er Ulbricht immer zur Verzweiflung gebracht haben, indem er nach den offiziellen Visiten wiederholt

„Schloß Still im Land" wurde Schloß Paretz genannt, in dessen Ruhe sich die sensible Königin Luise, aus dem anstrengenden Berlin flüchtend, gerne zurückzog.

Peter Paul Lenné, liebevoll „Buddelpeter" genannt, hat das landschaftsgärtnerische Bild von Berlin und Potsdam entscheidend geprägt.

den Wunsch äußerte, unbedingt auch die ehemaligen Schlösser der Hohenzollern besichtigen zu wollen. Viel Spektakuläres gab es nicht mehr zu sehen. In Potsdam war die Ruine des Stadtschlosses gesprengt, genauso wie in Berlin der Palast Unter den Linden und das Schloß Monbijou. „Ja richtig, die habt ihr ja abgerissen. Warum eigentlich? In Rußland haben wir die Schlösser der Zaren alle wiederhergestellt", hat Chruschtschow diese Zerstörungswut kommentiert und sich nach Augenzeugenberichten an der Verlegenheit seiner Gastgeber geweidet. Daß wir heute dennoch einige der erhaltenen Bauten besichtigen können, ist ihrer guten Bausubstanz und ihrer Nutzung für andere Zwecke zu verdanken. Schloß Hoppenrade, dessen einstiger Bewohnerin, der „Krautentochter", und ihrem aufregenden Liebesleben mit drei Ehemännern Fontane mehrere Kapitel in seinem Schlösserband widmete, wurde zu einem HO-Laden umfunktioniert. In Schloß Rheinsberg, von dem Friedrich der Große sagte: „Nur hier bin ich wirklich glücklich gewesen", dessen Schloßpark Schauplatz der zauberhaften Liebesgeschichte von Kurt Tucholsky ist, wurden Zuckerkranke gepflegt. Das einstige gutsherrlich bescheidene Schloß Paretz ist unter seiner häßlichen Rauhputzfassade überhaupt nicht mehr zu erkennen, und wie wunderschön einst die von den Gartenarchitekten Lenné und Fürst Pückler-Muskau angelegten brandenburgischen Gartenanlagen waren, ist nur noch alten Plänen, Illustrationen und Berichten zu entnehmen.

Erstaunlicherweise blieben in Potsdam trotz der alliierten Bombardierung die königlichen Schlösser verschont. Das verdanken sie ihrer Abgelegenheit in den Parkanlagen, die sie auch bei den sozialistischen Machthabern mehr oder minder in Vergessenheit geraten ließ. Sie haben dem Verfall getrotzt wie etliche, weniger bekannte Residenzen und Herrensitze. Gerade ihre Heruntergekommenheit entbehrt nicht eines gewissen morbiden Charmes. So konnten sie bis heute einheimischen und fremden Besuchern einen Hauch ihrer großen Vergangenheit vermitteln.

Umfangreiche Restaurationsarbeiten sind an den noch verbliebenen Schlössern Mark Brandenburgs geplant, die Milliarden verschlingen und Jahrzehnte benötigen werden. Dabei geht es nicht um den rückwärtsgerichteten Blick, der die Vergangenheit sentimental und verklärend beschwört. Sich seiner gesamten Geschichte bewußt zu werden, bedeutet für das wiedervereinigte Deutschland auch, sich seiner vollständigen Vergangenheit zu stellen. Historisch Unheilvolles, aber auch Bedeutendes, das den Ablauf der Weltgeschichte in seiner Nachhaltigkeit noch heute beeinflußt, hat auf diesen Herrensitzen und Schlössern seinen Ursprung gehabt ... hier in der Mark Brandenburg.

In Schloß Wiepersdorf, ihrem ländlichen Wohnsitz, schrieb Bettina von Arnim einige ihrer berühmten Briefromane. Aber es zog sie doch wieder ins ferne Berlin zurück, im Gegensatz zu ihrem Mann Achim, der die Abgeschiedenheit von Wiepersdorf liebte. Beide liegen neben der schlichten Dorfkirche begraben.
„Im Vogelruf gefangen/ Im Kiefernwald vertauscht/ Der Schritt, den sie gegangen/ Das Wort, dem sie gelauscht/ Dem Leben, wie sie's litten/ Auf's Grab der Blume Lohn:/ Für Achim Margeriten/ Und für Bettina Mohn."
(Günter Eich)

Zauberhafte Kombinationen aus Muscheln, Korallen, Mineralien, Fossilien und Glasschlacken zieren den Grottensaal des Neuen Palais. Trotz der Verwüstungen des Siebenjährigen Krieges und Ebbe in der Staatskasse ordnete Friedrich den Bau dieses kolossalen Monuments an. „Fanfaronade", eine Prahlerei, nannte er selbst dieses Schloß, das so gar nichts von preußischer Zurückhaltung an sich hat. Aber die Staatsraison gebot wohl Repräsentation.

Bei Schloß Rheinsberg denkt jeder sofort an Kurt Tucholsky, an den Schauplatz seines bezaubernden Liebesromans und rätselt über den Inhalt des ominösen Pakets, das Claire im Hotel vergaß. Auch heute noch bummeln die Nachfolger von Claire und Wölfchen verliebt durch den Schloßpark. Der Soldatenkönig hatte Schloß Rheinsberg seinem Sohn geschenkt, nachdem dieser endlich eingewilligt hatte, die ungeliebte Elisabeth Christine von Braunschweig zu heiraten. Hier betrieb der junge Kronprinz seine nächtelangen Studien und genoß diesen „Ort der Studie, das Heim der Freundschaft und Ruhe“.

Schloß Babelsberg erhebt sich wie eine Filmkulisse aus dem riesigen Parkgelände zwischen den Ufern des Tiefen Sees und der Glienicker Lake empor. Das „Cottage in gotischen Formen" wurde von Karl Friedrich Schinkel entworfen und acht Jahre nach seinem Tode, 1849, vollendet. Peter Lenné begann mit der Gestaltung des 130 Hektar großen Naturparks, dessen Fertigstellung später Hermann Fürst Pückler-Muskau übertragen wurde.

Schloß Glienicke; welch Gegensatz zu den schwelgenden Formen von Schloß Babelsberg stellt dieser klassizistische Bau in seiner schlichten Linienführung dar. Beide Schlösser haben aber denselben Architekten: Karl Friedrich Schinkel. Wegen seiner Liebe zu Italien verstand er sich ausgezeichnet mit dem Bauherrn Prinz Carl, der aus dem ehemaligen Hardenbergschen Gutshaus Klein-Glienicke einen Bau nach seinem Geschmack errichten ließ. Für italienisches Ambiente im Park zeichnet wiederum Peter Lenné verantwortlich.

Autoren / Bildnachweis / Impressum

Birgid Hanke, geb. 1952, hat Germanistik, Politik und Jura studiert. Nachdem sie mehrere Jahre als Reiseleiterin und Übersetzerin tätig war, arbeitet sie seit 1988 als freie Autorin mit dem Schwerpunkt Reisejournalismus.

Toma Babovic, geb. 1953 in Verden/Aller, studierte Architektur und Grafik-Design an der Akademie für Künste in Bremen. Seit 1989 freischaffender Fotodesigner in der Hansestadt. Er arbeitet u.a. für „stern", „Saison" und „Merian".

Text und Bildlegenden:
Birgid Hanke, Bremen
Farbfotos: Toma Babovic, Bremen
S/W-Fotos: Bildarchiv Preußischer Kulturbesitz, Berlin: S. 6, 17, 18, 43, 68, 84/85
Süddeutscher Verlag Bilderdienst, München: S. 19, 83
Ullstein Bilderdienst, Berlin: S. 7, 16, 28/29, 29, 42, 52, 53, 54/55, 55, 69, 70, 71, 82, 85

Lektorat: Gabriele Schönig, Hamburg
Gestaltung: Hartmut Brückner, Bremen
Satz: Dunz-Wolff, Hamburg
Lithografie: Rüdiger und Doepner, Bremen
Druck: C. H. Wäser, Bad Segeberg
Bindearbeiten: E. R. Büge, Celle

CIP-Titelaufnahme
der Deutschen Bibliothek
Wanderungen durch die Mark Brandenburg/ Birgid Hanke; Toma Babovic. – 2. Auflage
Hamburg: Ellert und Richter, 1992
Eine Bildreise
ISBN 3-89234-272-5
NE: Hanke, Birgid; Babovic, Toma